Gesegnete Speisen

Umschlag:
Abendmahlsfeier Christi mit den Aposteln. Detail aus einer Miniatur des Lindauer Buchmalers Caspar Härtli in einem grossformatigen Graduale aus dem Kloster St. Gallen, 1562. Stiftsbibliothek St. Gallen, Cod. Sang. 542, S. 261.

Gesegnete Speisen
Vom Essen und Trinken im Mittelalter

Sommerausstellung
23. April bis 10. November 2024

Herausgegeben von Cornel Dora

Verlag am Klosterhof, St. Gallen
Schwabe Verlag, Basel
2024

© 2024 Verlag am Klosterhof, St. Gallen

Gestaltung und Satz
TGG Visuelle Kommunikation, St. Gallen

Druck und Ausrüstung
Cavelti AG, Gossau

Bestelladressen
Stiftsbibliothek St. Gallen
Klosterhof 6d
9000 St. Gallen / Schweiz
stibi@stibi.ch
www.stiftsbibliothek.ch

Schwabe Verlag
www.schwabe.ch
Schweiz:
Buchzentrum AG
Industriestr. Ost 10
6414 Hägendorf / Schweiz
kundendienst@buchzentrum.ch
Deutschland, Österreich, übrige Länder:
Brockhaus Kommissionsgeschäft GmbH
Postfach
70803 Kornwestheim / Deutschland
info@brocom.de

St. Gallen: Verlag am Klosterhof, 2024
ISBN 978-3-905906-56-1

Basel: Schwabe Verlag,
Schwabe Verlagsgruppe AG, 2024
ISBN 978-3-7965-5138-3

Die Wechselausstellungen der
Stiftsbibliothek 2022 bis 2024
werden unterstützt von:
Walter und Verena Spühl-Stiftung,
St. Gallen, Metrohm Stiftung, Herisau,
Steinegg Stiftung, Herisau,
Dr. Fred Styger Stiftung, Herisau,
Hans und Wilma Stutz Stiftung, Herisau,
Stadt St. Gallen und
Kanton Appenzell Innerrhoden.

Vorwort
Cornel Dora   6

Die Angst vor dem Essen und vor dem Hunger
Dominik Flammer   14

1 Die *Benedictiones ad mensas* im Kontext
Cornel Dora, Dorothee Guggenheimer, Franziska Schnoor   22

2 Getränke
Cornel Dora, Dominik Flammer   40

3 Brei und Brot
Dominik Flammer, Ruth Wiederkehr   50

4 Fleisch und Fisch
Cornel Dora, Dominik Flammer, Franziska Schnoor   60

5 Gemüse
Dominik Flammer, Ursula Kundert   70

6 Käse
Dominik Flammer, Philipp Lenz   78

7 Gewürze und Pilze
Dominik Flammer, Franziska Schnoor   86

& Ekkehart IV., *Benedictiones ad mensas*
Cornel Dora   94

Anhang   130
Anmerkungen   131
Anmerkungen zu den *Benedictiones ad mensas*   136
Register der Handschriften und Drucke   141
Abbildungsnachweise   141

13. Ob. Pater wird ein frölich, wie eins angedeütet, doch in
figur erhebt sich zumahl, auch dann doch, vber in disem gnuͤgl
kain brooth hergemacht worden, wirdts noch gegebn wirdt.
wodurch oder die subarschidliche guͤtte affecty des gesichtern
an deme strichenden in disem fal N. 2 recomendirt.

St. Gallen, Kulturmuseum
G 10758
Papier, 47 × 31 cm
1728

Gallus, Hiltobod und der Bär, mit dem Refektorium des Klosters St. Gallen um 1730 im Hintergrund. Grisaille-Aquarell, Entwurf für ein Gemälde von Johann Ulrich Schnetzler (1704–1763) aus Schaffhausen, 1728.
Oben einige Anweisungen vermutlich eines Mönchs für das zu malende Bild: *NB St. Gallen mueß ein Steckhen, wie nur angedeütet, doch in der / Figur erhebt beygemahlt, auff denen Tischen aber in disem Gemähl / keine Broth zugemahlt werden, weilen es erst gegeben wirt. / weilen aber die unterschidliche guothe Affectus der Gesichteren / an denen Speisenden in disem und N. 2 recomendiret.*

Im Vordergrund Gallus, der Bär und ein junger Mönch (Hiltibod?), der Gallus als Erstem Brot zum Essen reicht. Im Hintergrund die einzige erhaltene Darstellung des St. Galler Refektoriums. Oben sitzt der Tischvorsteher, wohl der Abt oder Prior, flankiert von zwei Brüdern, während die Mönche an langen Tischen sitzen, die rechts und links der Wand enlang platziert sind. Vor jedem Mönch liegt das Gedeck mit Zinnkanne, Becher, Teller, Messer und zweizinkiger Gabel. Links in der Mitte eine Kanzel für die Tischlesung.

Vorwort

Als Gallus im Jahr 612 von Arbon in den nördlich gelegenen Wald hinauf wandert, rastet er gegen Abend zusammen mit seinem ortskundigen Begleiter Hiltibod an der Steinach. Die beiden haben Hunger. Mit einem Netz fangen sie beim Wasserfall Fische, die Hiltibod zusammen mit Brot zubereitet. Gallus erkundet unterdessen die Umgebung, stolpert im dornigen Unterholz und deutet den Fehltritt als Zeichen, sich an dieser Stelle niederzulassen. Nach einem Dankgebet nehmen die beiden gemeinsam das Abendessen ein. Die Essensreste locken in der Nacht einen ebenfalls hungrigen Bären an, der später auf bildlichen Darstellungen zum wichtigsten Attribut des heiligen Gallus werden wird. Dieser besänftigt das Tier mit einem Stück Brot und schickt es weg. Am nächsten Morgen fischen sie erneut, um dem Priester Willimar, der Gallus in Arbon aufgenommen hatte, ein Geschenk mitzubringen.[1]

Diese Episode erzählt uns viel über Esskultur: Vorsorge durch Proviant (Brot), Hunger, Nahrungsbeschaffung (Fischen), die Nahrung selbst (Fische und Brot), ein Essensritual (Gebet), Speisereste, die von einem Tier gefressen werden, und schliesslich Lebensmittel als Geschenk. Das Beispiel aus der Gründungserzählung St. Gallens zeigt, wie existenziell und kulturell grundlegend die Nahrungsaufnahme für uns ist. Auch die Praxis des Fastens – immer schon ein Mittel der Askese – ist in der Gallus-Legende überliefert.

Hunger war im Mittelalter eine ständige Bedrohung. Der Historiker Fritz Curschmann zählte für die Zeit zwischen 709 und 1317 nicht weniger als 384 Berichte über Hungersnöte in Westeuropa.[2] Dass Hunger auch zur Bestrafung eingesetzt werden konnte, musste Otmar erfahren, der ab 719 die Gallus-Siedlung ausbaute. Im vorgerückten Alter wurde er gegen

de craalone

deuitans· in cella salauuonis circa parietē tē
sci georgii includi rogauerat· magnarū uirtu
tū operatrix· plures inibi annos exegat· O bitu
quoq; cū omiū dolore uualto decan̄· & in locū e
sub rogat̄ purchardus· Et anno elapso uelud co
mitius· p̄ illū sit ekkehard decan̄ In quo tan
eraloh plus quā in sem̄a ēfisus· loco quo inbecil
indies erat· inidū cedens· Herginisouuā p̄ par
latione creber adierat firib; q; absentiā eī non
ferentib; ibi manebat· Nā in ekkehardo natu
ra & studio caritatis dulcedine pleno sp̄s cun̄
quieuerat· Qui de ionis uuilare· qd̄ ut diximꝰ
ipse reqisiuit & tenuit· ebdomadā septē cotid
uictualiū statuit cū pane habundo· &q; m
suris de ceruisia· Quarū qīta nonale qdē uin
conparari uoluit· Hic aliquando romā pue
pergens· papę intimꝰ factꝰ· aliquandiuq; ap̄
illū xp̄i doctnā de tent̄· aeris terrę uitio m
bo corripit· perq; sex ebdomadas lecto tenet̄
papa uero sepe eū uisitans· impenseq; copiā d
bat· At ille quadā die satis iā tarde qdē eū ro
gat· ut quando pxime se uisitet· Iohannis b

St. Gallen, Stiftsbibliothek
Cod. Sang. 615, S. 198
Pergament, 360 Seiten
16 × 10.5 cm
St. Gallen, 1451–1460

Ekkehart IV. über die von Ekkehart I. gestiftete Woche zu täglich sieben Mahlzeiten, *Casus sancti Galli*, Kapitel 88:
Nam in Ekkehardo, natura et studio caritatis dulcedine pleno, spiritus cunctorum quieverat. Qui de Ioniswilare, quod, ut diximus, ipse requisivit et tenuit, ebdomadam septem cottidie victualium statuit cum pane habundo et quinque mensuris de cervisia. Quarum quintam, nonalem quidem, vino conparari voluit.
(«Denn in Ekkehart, nach Art und Willen voller Liebe und Milde, hatten sich die Gemüter aller besänftigt. Er liess von Jonschwil her, das er, wie gesagt, selbst erworben hatte und verwaltete, eine Woche mit sieben Speisen täglich ansetzen, dazu reichlich Brot und fünf Mass Bier. Und das fünfte, das Bier zur Non, beschloss er durch Wein zu ersetzen.» (Ab Zeile 10, Übersetzung Haefele/Tremp/Schnoor)

Ende der 750er-Jahre in der Nähe von Konstanz auf der Burg Bodman eingekerkert und sich selbst und damit dem Hunger überlassen. Die legendarische Überlieferung versah die Szene mit einer menschlichen Note: Ein Bild im St. Galler Legendar (Cod. Sang. 602) zeigt, wie ihm ein getreuer Klosterbruder in einem verschlossenen Gefäss etwas zum Essen ins Gefängnis bringt (Abbildung S. 12).[3]

Wer heute an Essen denkt, hat allerdings nicht zuerst den Hunger im Kopf, sondern eher Speisen und Getränke, das Mahl als wiederkehrendes Ritual oder das damit oft verbundene Zusammensein. Auch dazu gibt es Zeugnisse aus dem frühmittelalterlichen Galluskloster. Sie führen uns zu Ekkehart IV. (nach 980–nach 1057), seinem letzten bedeutenden Lehrer und Mönchsgelehrten. In den *Casus sancti Galli*, seiner grossartigen Klosterchronik, sind eine ganze Reihe von Tischszenen beschrieben. Unter anderem berichtet er, dass sein Namensvetter Ekkehart I., damals Dekan des Gallusklosters, um die Mitte des 10. Jahrhunderts den Mönchen im Kloster wähend einer Woche das Essen und Trinken spendierte. Dabei gab es täglich sieben Gerichte mit reichlich Brot, vier Mass Bier und einem Mass Wein (Kapitel 80, Abbildung S. 8).[4] Man kann sich vorstellen, dass diese Tage ein besonderes Fest waren und sich der Spender damit bei seinen Mitbrüdern nachhaltig beliebt machte. Die im Kloster an sich geltenden Bestimmungen der Benediktsregel allerdings wurden durch solche Gelage strapaziert.

Im Zentrum unserer Sommerausstellung 2024 im Barocksaal steht eine vom bereits erwähnten Ekkehart IV. verfasste aussergewöhnliche Quelle zum mittelalterlichen Essen und Trinken, die *Benedictiones ad mensas*. Diese Tischsegnungen haben sich nur in einer einzigen Handschrift in der Stiftsbibliothek, Cod. Sang. 393 (S. 184–197), erhalten – als Autograph des Verfassers. Die 280 Verse ermöglichen einen vielfältigen Blick in die Ernährungskultur des 11. Jahrhunderts.

Ausgehend von diesem einmaligen Text weiten wir den Blick mittels Zeugnissen aus der Handschriftensammlung der Stiftsbibliothek zum Essen und Trinken im Mittelalter allgemein. Dabei stehen die konkreten Nahrungsmittel im Mittelpunkt: Getränke, Brei und Brot, Fleisch und Fisch, Gemüse, Käse, Gewürze und Pilze. Auch ein Blick auf die St. Galler Bratwurst, deren Anfänge ins Spätmittelalter zurückgehen, soll nicht fehlen.

Wie die jeweils einleitenden Beiträge des Ernährungshistorikers Dominik Flammer zeigen, stand die Ernährung im Mittelalter in wirtschaftlichen und gesellschaftlichen Kontexten, die sich stark von heute unterscheiden. Nahrung musste unter wesentlich anderen Bedingungen produziert, beschafft und zubereitet werden. Sie war oft nicht in genügender Menge verfügbar, häufig verdorben und deshalb gefährlich. Aufgrund der nicht sehr vielfältigen Auswahl an Nahrungsmitteln war der Speisezettel – zumal bei der einfachen Bevölkerung – wesentlich eintöniger als heute. Die Mahlzeiten beschränkten sich oft auf Mus oder Brei.

Ich danke dem Ausstellungsteam der Stiftsbibliothek mit Philipp Lenz, Ursula Kundert, Franziska Schnoor, Ruth Wiederkehr und Silvio Frigg sowie unserem externen Experten Dominik Flammer und ebenso Dorothee Guggenheimer vom Stadtarchiv der Ortsbürgergemeinde St. Gallen für die anregende Zusammenarbeit bei der Vorbereitung der Ausstellung und des Katalogs. Darin eingeschlossen sind auch unser Praktikant Georg Friedrich Heinzle, der hilfreiche Vorarbeiten leistete, und Clemens Müller und Franziska Schnoor, die mich bei der Übersetzung der Verse Ekkeharts ins Deutsche mit ihrem reichen

Wissen unterstützten. Verschiedene Hinweise gab auch Stefan Weber, der wohl aktuell beste Kenner des Texts. Für weitere kollegiale Beiträge danke ich zudem Karl Schmuki und Markus Kaiser.

Die Grafikerin Cornelia Gann hat zu den Inhalten in den Vitrinen Bildcollagen erstellt, welche die faktenzentrierten Handschriften ergänzen und hier im Katalog mit abgedruckt sind. Silvio Frigg hat passende Objekte für die Ausstellung gesucht und Christa Schaffert die Handschriften fotografiert. Den Katalog haben erneut Roland Stieger und Fawad Qadire vom Atelier TGG gestaltet, und die Cavelti Druck AG in Gossau hat ihn gedruckt. Das Stadtarchiv der Ortsbürgergemeinde St. Gallen und das Naturmuseum St. Gallen haben Leihgaben zur Verfügung gestellt. Allen Genannten, aber auch dem Personal des Museumsbetriebs und der Vermittlung unter der Leitung von Elke Larcher danke ich sehr herzlich für ihre Hilfe und Mitwirkung.

Wie immer schliesse ich mit dem Dank an unsere Geldgeber, die im Impressum genannt sind, und an die institutionellen Unterstützer, das Bundesamt für Kultur, den Kanton St. Gallen / Swisslos und die Stadt St. Gallen. Dazu gehört auch der Freundeskreis der Stiftsbibliothek. Ein ganz besonderer Dank sei dem Katholischen Konfessionsteil des Kantons St. Gallen ausgesprochen. Als Hauptträger des klösterlichen Kulturerbes sind die Katholikinnen und Katholiken des Kantons St. Gallen zusammen mit unseren Gästen die grössten Unterstützer der Stiftsbibliothek.

Cornel Dora, Stiftsbibliothekar
St. Gallen, im März 2024

Amer do sinen brüdern die hoffnut
des nachtes ze komen un bracht
in die ergezung der spise

Darnach Bonbertus ain ge-
waltiger man als der do den
bösen fürsten erwust dz man
in den göttlichen man enpfalch
do satzt er in an ain insel
des rins Mit dem namen stam
by sinem fürwerch Do beküm-
meret sich nun der hailig vatter

mit gaistlicher übung an
beten und vasten un die
got dem herren so vil le
licher do wil er erledige
dz menschliche gedinung
suchung und gewaltiche..
mit disem un der gelich..
der welt dz er götlich..

St. Gallen, Stiftsbibliothek
Cod. Sang. 602, S. 224
Papier, 522 Seiten
28.5 × 20.5 cm
St. Gallen, 1451–1460

Ein Klosterbruder bringt
dem eingekerkerten Otmar
in einem verschlossenen
Gefäss eine Mahlzeit.

Die Angst vor dem Essen und vor dem Hunger
Dominik Flammer

St. Gallen, Stiftsbibliothek
Cod. Sang. 602, S. 161
Papier, 522 Seiten
28.5 × 20.5 cm
St. Gallen, 1451–1460

Hungersnot und Antoniusfeuer

Ekkehart IV. von St.Gallen schrieb seine Tischsegenssprüche, die *Benedictiones ad mensas,* in einer Zeit, in der die grösste Furcht der Menschen es war, sich beim Essen zu vergiften. Der Zweck der 280 Verse liegt auf der Hand: mit Segen schädliche Wirkungen durch die Speisen abzuwenden. Und sie sollten, wenn auch unterschwelliger, den im 10. und 11. Jahrhundert ständig drohenden Hunger und die damit verbundene Not von den Mönchen fernhalten. Denn zu Lebzeiten Ekkeharts wurde Europa von einer Hungersnot nach der anderen getroffen, in einer bis zu diesem Zeitpunkt nie dagewesenen Häufigkeit. Dies lag einerseits am landwirtschaftlichen Wandel, der durch die Bevölkerungsentwicklung ausgelöst wurde: Grosse Waldflächen wurden gerodet, ohne dass man die negativen Folgen rechtzeitig erkannte, etwa den Verlust an Wild, Wildobst oder auch an Fischgründen. Boden-Erosionen und klimatische Veränderungen vernichteten die Hoffnungen auf bessere Ernteerträge.

Die Angst vor dem Essen, die in den Segenssprüchen stark mitschwingt, hat viele Ursachen. An erster Stelle stand im 11. Jahrhundert sicher die Furcht vor der Vergiftung durch das eigene Brot. Grund dafür war das Mutterkorn, ein Getreide-Pilz, der den häufig verwendeten Roggen verdirbt. Dieser Pilz enthält insgesamt rund zwanzig Giftstoffe, darunter übrigens auch die erst im 20. Jahrhundert in der Schweiz entdeckte Lysergsäure, das im LSD enthaltene Halluzinogen. Die epidemische Verbreitung der Mutterkorn-Vergiftung, die im Volksmund auch Antoniusfeuer genannt wurde, begann Ende des 9. Jahrhunderts, als der erste Fall in Europa auftauchte, und erreichte ihren Höhepunkt zu Ekkeharts Lebzeiten. Zehntausende gingen an diesem Pilz zugrunde. Die wenigen Menschen, welche die Krankheit überlebten, hatten Zeiten der Schmerzen, Delirien und Krämpfe hinter sich. Die Folge waren brennende Hautausschläge, die sie in den Wahnsinn trieben.

Neben Hunger und Antonius-Fieber gab es im Mittelalter unzählige weitere Gründe, weshalb man sich vor Verdauungsstörungen, Magenkoliken und vor allem auch vor absichtlichen Vergiftungen fürchtete. Vor Letzteren vor allem, weil Giftanschläge auf Kirchenobere oder auf missliebige Konkurrenten innerhalb der Klöster relativ häufig vorkamen. Dies ist in Dutzenden von Fällen dokumentiert. Hüten musste sich die mittelalterliche Bevölkerung aber auch vor verschmutztem Wasser, weil die meisten Brunnen in der Nähe von Latrinen und Abfallentsorgungsstellen lagen, was das Wasser in Siedlungsnähe oft nicht nur ungeniessbar, sondern auch untrinkbar machte.

Klöster bewirtschafteten ihre Felder meist selbst und kontrollierten die Verarbeitung der Ernte in den klostereigenen Betrie-

Doch so getorst er in aber / und sprach zu magnoaldo
ügen sunder vß sins ge / stand vff vn bitt die vogel
aiß wegen Do lait er / ze vachen vnd stund vff vn
sich nider zu dem gebett / magnoald́ vn danckte dem
aber der apt der richtett / schepffer vn vieng an die
sich vff vn sprach kumb / vogel ze vachen mit den
uns gallus sprichet vns / andern brudern dz waz ain
gebett vn bittend Aber der / wunderlich groß wunder
apt der richter sich vff / zaichen dz die vogel in flucht

ben. Deshalb stand dort nicht die Furcht vor Vergiftung im Vordergrund. Eher dürften sich die Ängste in den Klöstern auf die Unverträglichkeiten und auf Verdauungsstörungen konzentriert haben.

Die *Benedictiones ad mensas* zeigen insbesondere, dass die Ekkehart bekannten Klöster als organisierte und wissensorientierte Gemeinschaften ernährungskulturell dem Adel näherstanden als den Bauern. Der grosse Teil der Bevölkerung hatte weder Zugang zu Backöfen noch zu Brau-Anlagen oder zu Fischteichen, wie dies beim Kloster St. Gallen schon sehr früh der Fall war. In den meisten Häusern hingegen bestand die Kochgelegenheit aus einer einzigen Feuerstelle mit einem einzigen Topf – und allenfalls noch aus einem Bratspiess, den man über das Feuer legen konnte, sofern man sich etwas Fleisch leisten konnte. In diesen Töpfen wurde ziemlich alles zu Brei verkocht, was an Nahrung da war. Täglich wurde dieser suppenähnliche Brei im Topf mit neuen Nahrungsmitteln ergänzt. Ausgewaschen wurde dieser Topf so gut wie nie.

Ekkehart legt die Benediktsregel grosszügig aus

In einem merkwürdigen Verhältnis stehen die *Benedictiones ad mensas* zu der im Kloster St. Gallen geltenden Benediktsregel. Benedikt hatte das im Mittelmeerraum von den Griechen begründete Masshalten als Ernährungsgrundsatz übernommen. Er forderte von seinen Ordensbrüdern Zurückhaltung beim Verzehr von Fleisch, wobei nur den Kranken gestattet war, vierfüssige Tiere zu essen. Die Mönche sollten laut Benedikt das Fasten lieben, keine Trinker und Faulenzer sein und sich bei der täglichen Hauptmahlzeit mit zwei gekochten Speisen begnügen, allenfalls noch ergänzt mit Früchten oder rohem Gemüse. Dass die Benediktsregel mitunter grosszügig ausgelegt wurde, zeigt sich in Ekkeharts Speisesegnungen, wenn er zahlreiche vierfüssige Tiere aufzählt, die in der Küche verarbeitet werden konnten.

Es ist nicht klar, aus welchem Grund Ekkehart sich entschied, seine Tischsegnungen nicht konform nach der Benediktsregel zu schreiben. Es liegt jedoch auf der Hand, dass die Ernährungsgewohnheiten südlich der Alpen andere waren als im Alpenraum. In einer von Fisch, Gemüse, Obst und Olivenöl geprägten Ernährung dürfte der Verzicht auf Fleisch nicht allzu schwer gefallen sein. Jenseits der Alpen waren zu Ekkeharts Zeiten weder die klimatischen Bedingungen für eine mediterrane Landwirtschaft vorhanden, noch verfügte man hier über den Fischreichtum des Mittelmeers oder das im Süden omnipräsente Olivenöl, um den Fleisch- und Milchproduktekonsum (also insbesondere von Butter, dem Olivenöl der Alpen) so drastisch einzuschränken, wie das die mittelalterlichen Regeln für die Fastenzeit eigentlich erforderten. Daran ändert auch das Epigramm von Walahfrid Strabo, dem Abt des Klosters Reichenau, Autor des Gartengedichts *Hortulus* und Mitverfasser des

St. Galler Klosterplans wenig, da dieser mitten im Bodensee und erst noch auf einer für den Gemüseanbau einzigartigen Insel wohnte: «Salz, Brot, Lauch, Fische und Wein sind meine Speisen. Was brauch ich dann noch die Köstlichkeiten der Könige!»

Die zahlreichen Befürworter des Fastens, die bis ins 11. Jahrhundert hinein den Fisch dem Fleisch gleichstellten und in der Fastenzeit oft einen rigorosen Verzicht auf tierische Nahrung forderten, wurden in vielen Klöstern nicht nur abgelehnt, sondern zusehends auch verdrängt. Fasten hatte seinen Ursprung im Alten Ägypten. Hier wurden während Jahrhunderten vierzigtägige Fastenzeiten mit Verzicht auf Fisch eingehalten, dies primär zum Schutz des Laichs zugunsten künftiger grösserer Fänge. In der christlichen Welt des Frankenreichs erwies sich diese Praxis als nicht durchsetzbar. Hier setzte sich der Fisch gar als Fastenspeise durch, da er nicht zu den Fleisch- und Milchprodukten gezählt wurde, die verboten waren. Teilweise galt an bis zu 150 Tagen ein Fastengebot mit Verzicht auf Eier, Milch und Fleisch. Ein Brauch, der heute nur noch in den orthodoxen Kirchen und für einzelne Tage des Jahres besteht. Lange Fastenzeiten brachten die Klöster zu kreativen Lösungen: Biber, Otter und Frösche wurden als Fische taxiert, weil sie im Wasser schwimmen.

Sehr fantasievoll gingen französische und englische Benediktiner das Thema an, indem sie während zwei Jahrhunderten die Weisswangengans als fischähnliches Wesen in der Fastenzeit zum Verzehr freigaben mit der Behauptung, sie entschlüpfe der an der spanischen Nordküste wachsenden Entenmuschel. Auf dem Vierten Laterankonzil (1215) verbot Papst Innozenz III. ausdrücklich den Verzehr dieser Gänse in der Fastenzeit mit dem Argument, dass sie trotz ihrer ungewöhnlichen Fortpflanzung wie Enten lebten und frässen und somit von der Natur anderer Vögel seien. Bekannt ist indes auch, dass etwa die Kaninchenzucht erstmals in Klöstern praktiziert wurde, dies insbesondere wegen der Föten und der neugeborenen Kaninchen, die man als Fastenspeise zuliess. Englische Benediktiner wiederum taxierten totgeborene Kälber als dem Fisch gleich, da sie ja nur im Fruchtwasser geschwommen seien. Die Engländer assen aber auch Markbein, da dieses nicht vom Fleisch, sondern von Knochen umgeben sei. Weniger gaben sich österreichische Mönche mit solchen Interpretationen ab. Da Kinder, Schwangere und Kranke von den Fastenregeln ausgenommen waren, lagen in gewissen Klöstern Österreichs bis zu drei Viertel der Mönche während der Fastenzeit schlicht krank darnieder.

Anfällig für Krankheiten
Was aus heutiger Sicht Regelverstössen gleichkommt, hatte im Mittelalter handfeste Gründe. Die Völlerei, die an kirchlichen Feiertagen gelegentlich praktiziert wurde, kann auch als Reaktion auf die

häufigen Hungerzeiten gesehen werden. Dies führte dazu, dass die Menschen insbesondere des 11. und 12. Jahrhunderts an andauerndem Ernährungsstress litten, da die Verfügbarkeit der Nahrung und der Kalorien massiv schwankte. Dies wiederum führte zu einer Anfälligkeit für Krankheiten. Während sich im 13. Jahrhundert die Ernährungssituation im Vergleich zu den beiden vorangegangenen Jahrhunderten normalisierte, kehrten die Hungersnöte im 14. Jahrhundert mit umso grösserer Wucht zurück. Sowohl feucht-kalte Jahre als auch neu eingeschleppte Parasiten führten teilweise zu kompletten Ausfällen der Getreideernte. Dazu gehörte die im 11. Jahrhundert nach Europa eingeführte Berberitze – auch Sauerdorn genannt –, die sich in nur zwei Jahrhunderten zu einer der meistverbreiteten Beeren entwickelte. Damals war allerdings nicht bekannt, dass dieser Strauch dem Schwarzrost als Zwischenwirt diente, der sich in den Getreidefeldern in Windeseile verbreitete und gesamte Ernten vernichtete. Als im 14. Jahrhundert die Pest wütete, traf sie auf eine erschöpfte, hungernde und krankheitsanfällige Bevölkerung, von der sie innert kurzer Zeit je nach Region bis zu einem Drittel dahinraffte.

Exotische Gewürze
Die Berberitze ist eine der wenigen Nutzpflanzen aus dem Vorderen Orient, die auch in Europa gedeiht, ebenso wie der von den Kreuzrittern in die Schweiz gebrachte Steinklee, mit dem die Ostschweizer künftig ihren Kräuter-Ziger würzten. Überhaupt brachten die Kreuzzüge bis ins 13. Jahrhundert dem Abendland einen Schub an neuen Gewürzzutaten, Nahrungspflanzen und Zubereitungstechniken. Schon ab dem 9. Jahrhundert fand in Frankreich und Italien ein noch nie dagewesener Handelszuwachs mit Gewürzen statt. Produkte wie Ingwer, Zimt, Galgantwurz, Nelken, Pfeffer oder Muskatnuss waren Gewürze, die sich nicht nur der Adel, sondern auch die Klöster leisteten, wie die zahlreichen mittelalterlichen Klosterrezepte zu gewürzten Lebkuchen oder Pfefferzelten belegen. Die *Benedictiones ad mensas* erwähnen zwar nur Salz, Pfeffer, Senf und wohl heimische Kräuter als Würzzutaten, daneben aber auch Südfrüchte wie Zitronatzitronen, Feigen und Datteln. In anderen Quellen findet man bereits zu dieser Zeit Mandeln oder den schon damals sündhaft teuren Safran, beides beliebte Zutaten für die klösterlichen Feiertagsgebäcke. Viele dieser exotischen Gewürze dienten wie der von Ekkehart erwähnte heimische Honig dazu, die weitverbreiteten Sauermilchkäse zu würzen und sie damit auch etwas geniessbarer zu machen.

St. Gallen, Stiftsbibliothek
Cod. Sang. 602, S. 159
Papier, 522 Seiten
28.5 × 20.5 cm
St. Gallen, 1451–1460

terkh vnd zaichnet sich mit
dem hailigen crutz von spih
zů dem tier In dem namen
vnnses herrn jhů xpi Standam
kain still vntz dz ich vserleß
die öpfel die vnsern rittern
e bringen sint vnd die dar-
m tail gebe vo den andren
e essen Des ward am wunder
ch gehorsam jn dem wilde
u vergaß sin grimkait
nd stůnd still vn hielt sin

hopt genaigt Do zauhe
er die bramen von studen mit
sinem steken Vnd die büschi
die öpfel trůgen vnd er las
darus am tail der öpfel die
nach biet des gottliche man
es die besten wären zů nem
werk ze bringen Vnd gab dz
ander tail dem wilden tier
ze essen Vnd sprach zů im
Die öpfel iß du von die andren behalt zů dem bruch des

Falernerwein aus dem Osten

Auch die Maulbeere, die bei Ekkehart zu Maulbeerwein verarbeitet erscheint (BaM 249), hatte ihren Weg vom Orient in den Bodenseeraum gefunden. Wie der Hypokras (Glosse zu BaM 253), ein mit exotischen Gewürzen verbesserter Wein, der an die heutigen Glühweine erinnert, zeugt auch der von Ekkehart erwähnte Falernerwein von der Bedeutung der alkoholischen Getränke. Die Benediktsregel gestand jedem Mönch pro Tag eine «Hemina» (0,273 Liter) Wein zu. Der wesentlich höhere Flüssigkeitsbedarf der Mönche liess sich nur mit Hilfe weiterer Getränke decken. Neben dem Wasser, das Ekkehart lobend erwähnt, füllten nördlich der Alpen besonders Bier und Most die Lücke – beides Getränke, die in Benedikts südländischer Weinkultur kaum vorhanden waren.

Vielfältige Küche

Die *Benedictiones as mensas* zeugen auch von einer wilden und unerschlossenen Natur und ihren Wäldern in früheren Zeiten. Dass er ein heute ausgestorbenes Tier wie den Auerochsen oder die in unseren Gefilden ausgerotteten Wisente und Bären erwähnt, belegt eine Jagdvielfalt, die man sich heute nicht mehr vorstellen kann. Das gilt auch für die Aufzählung von Fischen: So treffen wir etwa auf Lachse, die man bis ins 19. Jahrhundert entlang der über Jahrtausende unbebauten Flüsse in Hülle und Fülle fangen konnte. So vielfältig indes die Lebensmittel in Ekkeharts Segenssprüchen sind, so klar ist auch, dass er verschiedene dieser Speisen wohl nur aus Schriften oder Erzählungen kannte. Sicherlich bekannt allerdings waren die Backwaren, von denen Ekkehart eine reiche Vielfalt erwähnt: Gebäcke und Brote aus Weizen, Roggen, Gerste, Hafer oder Hirse. Sie wurden in den klösterlichen Backstuben mit allen zu jener Zeit bekannten Getreidearten zubereitet. Die Rede ist auch von unter Asche gebackenen, gesottenen, gerösteten und gesalzenen Broten, von Teigen mit Hefe und Eiern sowie von mondförmigen oder runden Fladenbroten.

Nur spärlich Kraut und Rüben

Nur in bescheidenem Umfang tauchen in den Segenssprüchen Gemüse auf. Hier dominieren ganz im Gegensatz zu den Gärten auf dem St. Galler Klosterplan von 825/827 Kraut und Rüben im wörtlichen Sinne. Wenn dort im Garten Fenchel auftaucht oder Sellerie, so handelt es sich ausschliesslich um die gleichnamigen Kräuter. Denn die Knollen dieser Gewächse, wie wir sie heute kennen, dokumentierte ein St. Galler Mönch das erste Mal bei seiner Grand Tour Ende des 17. Jahrhunderts in Italien. Dort waren sie erst in den Jahrzehnten zuvor durch Zucht und Auswahl zu dem entwickelt worden, was wir heute darunter verstehen. Und auch wenn in den *Benedictiones ad mensas* Bohnen, Kürbisse oder Melonen erwähnt werden, darf man nicht vergessen, dass es sich dabei wahrscheinlich um Ackerbohnen und kalebassenartige Kürbisgewächse handelte. Diese Zutaten wurden vor allem als Beigemüse in den Suppen und Breispeisen verkocht. Die wenigsten Mönche dürften wirklich gewusst haben, wie die einzelnen Zutaten für sich allein überhaupt schmecken.[5]

1

Die *Benedictiones ad mensas* im Kontext

Non sinat offensas super has deus affore mensas. (BaM 1)
«Gott schütze diesen Tisch vor Hader, Streit und Zwist.»

Largiter impensis assit benedictio mensis. (BaM 2)
«Die Tische, reich beladen, sollen den Segen haben.»

Die *Benedictiones ad mensas* von Ekkehart IV. sind ein Text, der bis heute einige Probleme und Rätsel aufgibt. Am besten kommt diesen Rätseln auf die Spur, wer seinen realen Bezügen nachgeht.[6]

Zunächst ist der Anlass für die Erstellung konkret. Ekkehart schrieb die Verse wohl in freundschaftlicher Absicht für seinen Bruder Ymmo, der darum gebeten hatte. Ymmo war irgendwann zwischen 1004 und 1039 – genauer lässt sich der Zeitraum nicht eingrenzen – Abt des Klosters Münster im Gregoriental in den Vogesen.[7] Die erste Fassung der Tischsegnungen entstand vielleicht im Verlauf der Jahre 1022 bis 1031, als Ekkehart im Auftrag von Erzbischof Aribo (um 990–1031) die Domschule in Mainz leitete. Überliefert sind die *Benedictiones ad mensas* einzig im sogenannten *Liber benedictionum* (Cod. Sang. 393), den Ekkehart wohl nach seiner Rückkehr nach St. Gallen in den frühen 1030er-Jahren anlegte und bis zu seinem Tod nach 1057 immer wieder überarbeitete.

Dass es sich bei der erhaltenen Niederschrift um ein Autograph Ekkeharts handelt, ist unbestritten. Der Text ist damit nicht nur inhaltlich, sondern auch überlieferungsgeschichtlich an seine Person gebunden. Er ist Ausdruck der Gebräuche in einem Benediktinerkloster des 11. Jahrhunderts, in dem ein oder zwei Mal pro Tag gemeinsam gegessen wurde – schweigend bei einer Tischlesung, wie es die Regel vorschrieb. Dass vorgängig vom Abt oder seinem Vertreter ein kurzer Segen gesprochen wurde, liegt auf der Hand. Dafür waren Ekkeharts Verse vorgesehen. Ihr Charakter war allerdings nicht so schwer und würdig, wie man das bei einem liturgischen Text erwarten würde. Vielmehr erhalten sie durch die Reime, die jede Zeile enthält, aber auch durch Mehrdeutigkeiten immer wieder eine witzige Komponente. Das passt zu Ekkehart, der auch in den vielen Anekdoten der Klosterchronik *Casus sancti Galli* seine humorvolle Seite zeigt.

Ungelöst ist bis heute die Frage, inwieweit die 280 Verse auch als Speisekatalog welcher Art auch immer anzusehen sind. Vielleicht kann dabei der Ansatz helfen, dass es sich weder um eine rein literarische Sammlung handelt, in der Ekkehart ihm bekannte Werke – insbesondere die *Etymologiae* Isidors von Sevilla – quasi ausbeutete und etwas unbeholfen verarbeitete, noch um eine schwungvolle Zusammenstellung von Speisen, die in einem Kloster – sei es in St. Gallen oder im Kloster seines Bruders in den Vogesen – normalerweise auf den Tisch kamen. Beides scheinen Extremvorstellungen zu sein, die Wahrheit liegt wohl irgendwo in der Mitte.

Cornel Dora

Die Handschrift der *Benedictiones ad mensas*

Mit dem *Liber benedictionum* (Cod. Sang. 393) schuf Ekkehart IV. in der Zeit von etwa 1030 bis zu seinem Tod nach 1057 eine eigenhändige «Ausgabe letzter Hand» seiner Dichtungen, die er immer wieder überarbeitete.[8] Dementsprechend sieht die Handschrift auch aus: «Es gibt keine andere Handschrift der Stiftsbibliothek, in der so viel ausradiert, hinzugefügt, kommentiert und glossiert wurde.» So hat Karl Schmuki ihr Erscheinungsbild auf den Punkt gebracht.[9]

Der so beschriebene Charakter der Handschrift lässt sich mit dem Anfang der *Benedictiones ad mensas* augenfällig demonstrieren. Nur schon auf den ersten elf Zeilen bis zur Mitte der ersten Seite (S. 185) finden sich eine Fülle inhaltlicher Varianten, grammatikalischer Alternativen, später eingefügter Verse und erklärender Glossen in Latein oder Althochdeutsch:

Zeile 2: Über dem Wort *offensas* («Spannungen») des ersten Verses *(Non sinat offensas)* sind *discordiam* («Zwietracht») und *inimititias* («Feindseligkeit»), mit einem durchgestrichenen l dazwischen für *vel* («oder») als Varianten angeführt.

Zeile 3: *Taliter* («auf solche Weise»), Variante zu *Largiter* («reichlich»).

Zeile 5: Endungen *Apposi-tus* und *pan-is* sowie *sit* als Varianten für Brot im Singular statt im Plural.

Zeile 6: *Hunc esum* («Dieses Essen») als verallgemeinernde Variante über *Hoc munus panum* («Diese Gabe von Brot»).

Zeile 7: *sit fraudis et hostis inane* («sei frei von Hinterlist und Teufel»), Variante zu *non sit virtutis inane* («sei nicht ohne Wirkung»).

Zeile 8: *perceptio* («das Aufnehmen/Verspeisen»), Variante zu *benedictio* («Segnung»).

Zeile 9: Der Segensspruch *Hanc panis tortam faciat benedictio fortem* wurde (wie auch die 5. Zeile von unten) erst später eingefügt.

Zeile 10: Erklärende lateinische Glosse *in lunę modum factum* («in der Form des Mondes gemacht») zu *Panem lunatum* («halbmondförmiges Brot»).

Zeile 11 am Rand: *Item* («ferner») in roter Tinte zur Gliederung des Texts, der vom Brot im Allgemeinen und seiner Form hier zu verschiedenen Brotsorten übergeht.

Zeile 12: Hier fehlt das Lebensmittel: *panis* («Brot»), über *notet* steht dagegen kaum lesbar *fiat* («mache») als Variante, und eine althochdeutsche Glosse ergänzt *cesótin brot* («gesottenes Brot»). Das erinnert an die *spungia*, das «Schwammbrot», welches Isidor im 20. Buch seiner *Etymologiae* erwähnt.[10]

Die vielen Varianten zeigen, dass Ekkehart den Text als *work in progress* immer wieder dynamisch bearbeitete. Das ist erfrischend, weil wir so den kreativen Prozess eines frühmittelalterlichen Dichters verfolgen können.

Cornel Dora

St. Gallen, Stiftsbibliothek
Cod. Sang. 393, S. 185
Pergament, 264 Seiten
21 × 16.5 cm
Kloster St. Gallen,
Autograph Ekkehart IV.,
um 1030/1060

Die *Benedictiones ad mensas* beginnen auf der untersten Zeile von Seite 184 (hier nicht abgebildet) mit einer roten Überschrift, die auf der ersten Zeile von Seite 185 (hier abgebildet) endet. Bei *Gre-gorio* wechselt die Seite:
Benedictiones ad mensas. Ymmoni abbati de sancto Gregorio fratri germano compactę roganti.
«Tischsegnungen. Auf des Abts Ymmo des Klosters St. Georg, meines leiblichen Bruders, würdige Bitte.»

Ekkehart schreibt auf den 264 Seiten in einer gut lesbaren karolingischen Minuskel. Eine individuelle Besonderheit ist dabei der Grossbuchstabe T, dessen Querbalken oben mit zwei Strichen gezeichnet ist, die einem liegenden Blatt ähneln, hier am Anfang der zweituntersten Zeile.
(Vgl. Weber, Ekkehardus poeta, S. 13–14.)

.no.
. fratri germano compacte roganti
        discordia t inimicitias
on sinat offensas supbas ds affore mensas
Talis
argiter impensis assit benedictio mensis
     tus   u sit   us
te sup pansas repleat benedictio mensas
positi panes sint damna paiantis inanes
Hunc esum
c munus panu faciat benedictio sanum
             t sit fraudis & hostis
rbum cum pane non sit uirtutis inane
              preptio
ris & sanis bona sit benedictio panis
Hanc panis tortam faciat benedictio forti
ge xpe manum tortis benedicere panu
   in lune modi factu
em lunatum faciat benedictio gratum   hc
       ce suein brot
c noter elixum benedicio p oue fixum
ceat hoc frixu benedictio cu   mixtu
           xpe   olia leuat sic fer
em fac gratu crux sca p oua leuatu
cruce signatus panis defece leuat us
     le uatu fermtu
c fermentatu faciat benedictio gratu

ma signet cruce pascha co memoretur
nem de spelta repleat benedictio multa
ticeum pane faciat crux pestis inanem
            ap lex t soli det
men diuinum signet pane sigalinum

Isidor und Ekkehart

Eine wichtige Quelle für die *Benedictiones ad mensas* waren die *Etymologiae* («Etymologien») des spanischen Kirchenlehrers Isidor von Sevilla (um 560–636). Gemäss dem Literaturwissenschaftler Ernst Robert Curtius kann man dieses Werk als «Grundbuch des ganzen Mittelalters» bezeichnen. «Es hat nicht nur den Wissensbestand für acht Jahrhunderte gültig festgelegt, sondern auch deren Denkform geprägt.»[11] Tatsächlich dienten die *Etymologiae* während Jahrhunderten als Referenzwerk für unzählige Gelehrte – auch im Galluskloster, wie mehrere Abschriften bezeugen.

Isidor äussert sich auch über das Salz, das zusammen mit dem Wasser wohl die wichtigste Küchenzutat ist (XVI, II, 3–6). Er bezeichnet es als «Genuss und höchste Freude jeder Speise» (XVI, II, 6)[12], erörtert seinen Namen, seine Natur, sein Vorkommen und den Abbau, verschiedene Arten und Farben und fasst schliesslich zusammen: *Nihil enim utilius sale et sole* («Nichts ist nämlich nützlicher als Salz und Sonne»).[13]

Bei Ekkehart IV. erscheint das Salz in den Versen 12, 37, 38, 52, 53 ohne erkennbaren Zusammenhang mit Isidor. An zahlreichen anderen Stellen wird jedoch deutlich, dass er sich bei Isidor bediente, aber auch in der Bibel, bei Vergil, Ovid, Plinius und Augustinus. Ekkehart führte dieses literarische Wissen mit der klösterlichen Tischgemeinschaft zusammen und mischte es dabei mit Spiritualität und Humor.

Allerdings gibt es auch Forscher, die das Ganze kritischer sehen. Sie knüpfen an Ernst Schulz an, der 1941 betonte, dass der Autor sich von den oben erwähnten Autoren hatte inspirieren lassen.[14] Schulz trat überhaupt der älteren Forschung entgegen, die das Werk voreilig als Beschreibung des realen Speisezettels des Gallusklosters im 11. Jahrhundert interpretiert hatte. Das war tatsächlich ein falscher Ansatz, denn es ist nicht möglich, dass in St. Gallen in solcher Vielfalt getafelt wurde, und zudem befand sich Ekkehart zur Zeit der Abfassung vermutlich gar nicht in seinem Heimatkloster, sondern in Mainz.[15] Dass die Tischsegnungen keine hohe Literatur sind, ist unbestritten.[16]

Die Kritiker schiessen allerdings übers Ziel hinaus, wenn sie auch die Originalität der Verse und ihren Quellenwert für die Ernährungsgeschichte in Zweifel ziehen. Der Text bleibt aussergewöhnlich und interessant. Und verschiedene Details deuten eben doch auf den Bodenseeraum. So handelt es sich bei der «alemannischen Illanke», die «wie gewohnt gegeben» wird (BaM 46), wohl um eine der frühesten Erwähnungen des Bodenseefelchens. Dass das «ehrliche» (BaM 259) Wasser als Getränk eine wichtige Rolle spielt (BaM 259–270), ist gut mit St. Gallen vereinbar. Und wenn der Döbel zusammen mit seinem Köderfisch, der Grundel, als Speise der Mönche auf dem Tisch liegt (BaM 68), ist das nicht ohne Witz.

Cornel Dora

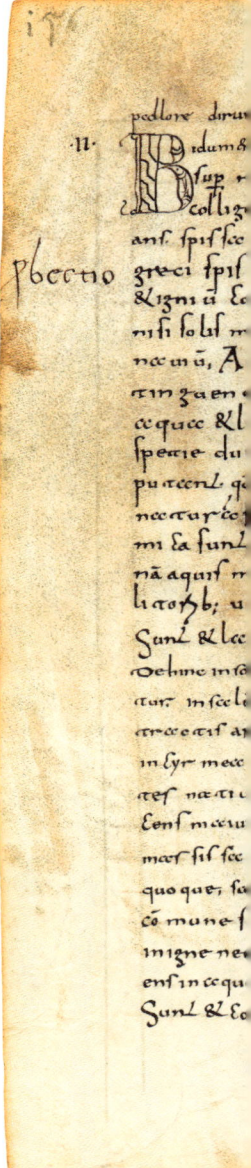

St. Gallen, Stiftsbibliothek
Cod. Sang. 235, S. 156–157
Pergament, 299 Seiten
29.8 × 17.4 cm
Kloster St. Gallen, um 800

Isidor, *Etymologiae*, XVI, II,6:
Salis natura necessaria est ad omnem escam. Pulmentis enim saporem dat, excitat aviditatem, et appetitum in omnibus cibis facit. Ex eo quippe omnis victus delectatio et summa hilaritas.

«Die Natur des Salzes ist notwendig zu jeder Speise. Den Fleischspeisen gibt es nämlich Geschmack, es erregt die Begierde und macht Appetit auf jede Art von Speisen. Daher ist es der Genuss und die höchste Freude jeder Speise.» (rechte Seite ab Zeile 3, Übersetzung Möller)

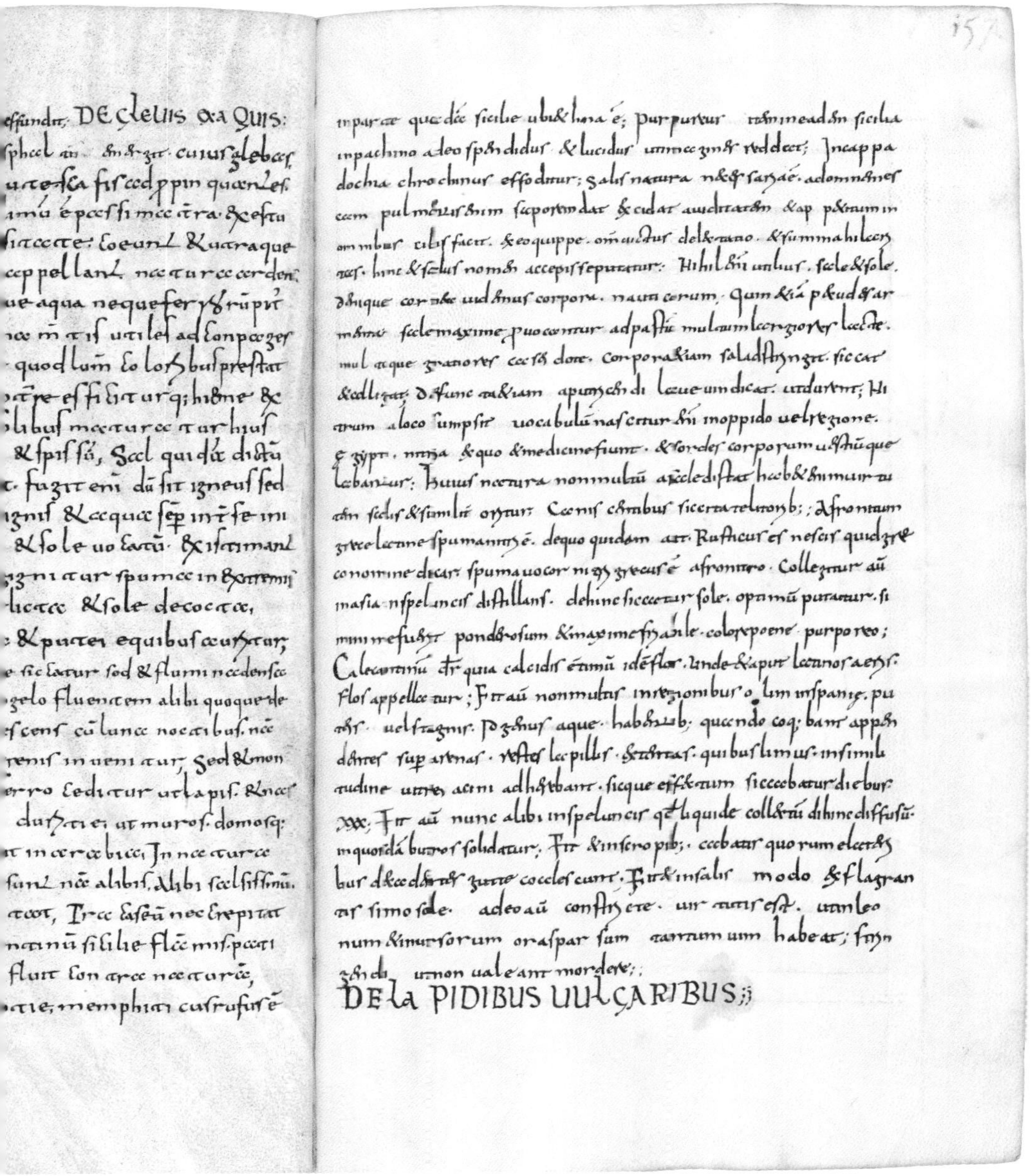
DE LAPIDIBUS UULGARIBUS

St. Gallen, Stiftsbibliothek
Cod. Sang. 368, S. 93
Pergament, 109 Seiten
33.5 × 25.5 cm
Konstanz, um 1480/1485

Tischgewohnheiten

Was wir essen und wie wir unsere Mahlzeiten zubereiten, ist das eine, ebenso wichtig ist aber, wie wir es tun: allein oder in Gemeinschaft, mit oder ohne Geschirr und Besteck, am Boden oder an einem Tisch, schweigend oder sprechend?

Mittelalterliche Darstellungen des Abendmahls Christi mit den zwölf Aposteln geben Hinweise darauf, wie ein gemeinsames Essen an einer Speisetafel früher aussah.[17] Ein Beispiel ist die hier abgebildete Miniatur in einem reich bebilderten Evangelistar, das um 1480/1485 in Konstanz geschaffen wurde. Die Szene folgt der Überlieferung in den Evangelien (Mt 26,17-29, Mk 14,12-25, Lk 22,7-23) und umfasst auch die Fusswaschung Petri durch Christus (Jo 13,1-12).

In der Mitte des Tischs liegt in einer Schüssel das Lamm, das sich die Apostel mit Christus teilen. Eine solche Schüssel ist fester Teil jedes Gemeinschaftsmahls. Alle bedienen sich daraus, und zwar mit den Händen. Als Besteck dienen zwei spitze Messer. Mit ihnen schneidet sich jeder sein Stück vom Lamm ab. Weil es nur feste Speisen gibt, braucht es keinen Löffel – die Gabel hält bei uns erst im 16. Jahrhundert Einzug.[18] Auffallend ist, dass die dreizehn Personen nur drei Becher vor sich haben – auch hier wird also geteilt. Teller fehlen, denn sie braucht es bei festen Speisen nicht. Als Unterlage dient ein Tischtuch, das ab und zu gewaschen werden kann.[19]

Die Benediktsregel (Kapitel 41) legte für die Klöster je nach Jahreszeit täglich eine oder zwei Mahlzeiten fest, eine erste zur sechsten oder neunten Stunde nach Sonnenaufgang und eine zweite am Abend. Die St. Galler Mönche haben sich freilich nicht immer daran gehalten, wie die Schlemmerwoche Ekkeharts I. um die Mitte des 10. Jahrhunderts mit fünf Mahlzeiten täglich belegt (vgl. S. 8-9). Nach dem Zeugnis des St. Galler Klosterplans assen die Mönche auf Bänken sitzend an teilweise langen Tischen.[20] In bäuerlichen Familien gab es im Spätmittelalter meist eine Mahlzeit in der Mitte des Morgens oder gegen Mittag und eine zweite am Nachmittag.[21]

Ein weit verbreitetes Ritual, das sich in vielen Kulturen beobachten lässt, ist das Tischgebet in Form einer Segnung oder eines Dankgebets.[22] Jeder Vers der *Benedictiones ad mensas* ist ein solches kurzes Tischgebet in Form einer Segnung. Auch das Bekreuzigen der Speisen, das in einigen Versen erscheint, war verbreitet.[23] Die Lesung eines geistlichen Texts trug das Seine zur würdevollen Stimmung bei, in der die Mönche das Essen schweigend einnahmen. All das drückte eine gläubige christliche Lebenshaltung aus, die Paulus im 1. Korintherbrief wie folgt umrissen hatte: «Ob ihr also esst oder trinkt oder etwas anderes tut: Tut alles zur Verherrlichung Gottes!» (1 Kor 10,31)

Cornel Dora

Die Benediktsregel und das Fleisch

Zu den Bräuchen, die durch das Christentum nach Westeuropa gebracht wurden, gehört das Fasten.[24] Dabei war und ist das Spektrum weit und reicht vom vollständigen Nahrungsverzicht (Vollfasten) über die Einschränkung auf eine Mahlzeit mit fester Nahrung pro Tag (Halbfasten) bis hin zum Verzicht auf bestimmte Nahrungsmittel (Abstinenzfasten, etwa die Beschränkung auf Wasser, Brot und Salz oder auf pflanzliche Rohkost, Veganismus, Pescetarismus und Vegetarismus).[25]

Aus Mitgefühl für die Tiere hatten bereits die Pythagoreer den Fleischgenuss abgelehnt. Weil ihn die antike Medizin zudem mit sexueller Lust in Verbindung brachte, wandten sich auch verschiedene Kirchenväter dagegen.[26] So entwickelte sich eine christliche Fleischskepsis, die bis zur generellen Ablehnung tierischer Nahrung inklusive Eier und Milchprodukte führen konnte – zu dem also, was wir heute Veganismus nennen.[27] Der Brauch, an Ostern Eier zu essen, rührt daher, dass deren Genuss in der vorausgehenden vierzigtägigen Fastenzeit verboten war und sie deshalb nun in Hülle und Fülle zur Verfügung standen.

Im christlichen Mittelalter wurde übers Jahr immer wieder kürzer oder länger gefastet: vierzig Tage in der vorösterlichen Fastenzeit und vierzig Tage im Adventsfasten vor Weihnachten. Als Fasttage galten zudem jeder Mittwoch und Freitag – in Erinnerung an den Verrat und die Kreuzigung Christi an diesen Tagen. Besonders strenges Fasten galt am Aschermittwoch und am Karfreitag. Ausgenommen waren dagegen die Sonntage. Insgesamt ergaben sich so im Jahresverlauf 135 bis 145 Tage, an denen auf Fleisch, Eier und Milchprodukte verzichtet und nur einmal gegessen wurde.[28]

Das Fasten spielt auch in verschiedenen Bestimmungen der Benediktsregel seine Rolle. Vor allem der letzte Satz von Kapitel 39 hat immer wieder zu Diskussionen geführt: *Carnium vero quadripedum omnimodo ab omnibus abstineatur comestio, praeter omnino debiles egrotos.* («Auf den Verzehr von Fleisch vierfüssiger Tiere aber sollen alle auf jede Weise verzichten, ausser die ganz schwachen Kranken.») In St. Gallen kam es deswegen 964 gar zu einer von Kaiser Otto I. angeordneten Visitation (vgl. S. 32–33).

Cod. Sang. 914 von um 820 ist die beste, 916 von um 800 aber die älteste Benediktsregel in St. Gallen. Die Besonderheit von Cod. Sang. 916 ist, dass der lateinische Text mit althochdeutschen Glossen ergänzt wurde.[29] Wohl um 850 überarbeiteten die St. Galler Gelehrten den lateinischen Text mit Hilfe von Cod. Sang. 915, der dritten karolingischen Überlieferung der Regel in St. Gallen.[30] Dabei korrigierten sie gerade in dieser wichtigen Passage ziemlich viel. Das sollte jedoch nicht überinterpretiert werden, denn die Fassungen in Cod. Sang. 915 und 916 weichen trotzdem nur minim voneinander und von Cod. Sang. 914 ab.

Cornel Dora

St. Gallen, Stiftsbibliothek
Cod. Sang. 916, S. 95
Pergament, 172 Seiten
19.5 × 12.5 cm
Kloster St. Gallen, um 800

Carnium quadrupedium omnimodo ab omnibus abstineatur comestio praeter omnino debiles et egrotos. «Auf das Fleisch vierfüssiger Tiere als Speise sollen alle ganz verzichten, ausser die ganz Gebrechlichen und die Kranken.»

Über dem Text findet sich die Wort-für-Wort-Übersetzung ins Althochdeutsche:
fleiscco («des Fleischs», Genitiv Plural)
feorfuazzeo («der Vierfüsser», Genitiv Plural)
allem («alles»)
f[ona] [al]lem («von allem»)
si farporan («sei vermieden»)
[ezza] («das Essen»)
ano («ausser»)
allem («gänzlich»)
uuanaheilem («den Gebrechlichen»)
siuchem («den Kranken»)
Zusammengesetzt ergibt das den deutschen Satz: «Das Essen von allem Fleisch der Vierfüsser sei gänzlich zu vermeiden, ausser [von] gänzlich Gebrechlichen und Kranken.» (Ab Zeile 2 des lateinischen Texts, Übersetzung Dora/Nievergelt)

        ke haltan   mallem   libenti
r ser ucctee in omnibus peerci
          fleasc co   feor suas geo
te, Ccerniu quee drupedium uero
dlem   lem   si far poran
       ccb omnibus ccbsdine   omnmo
                                          no
                ano   allen uuana   comestio
ur   pter omnino de
       nudiem
er &egrotos; Oem sura potus;   xL
ner eo couuelicher eikana   hebet   keba
ur quirq; ppzum hecb & do
       te   sumer so sumer k   so
i edo. aliur si caliur uero sic;
   diu   edderlihchemu   fruisteo
deo cu ccliquee scru po lo sitcc
                mes   lib lem
no bir mensuree uidur cchoxe
e ses sit
sentitur acemen infirmoru
            un chres igi   copueno
            in belullineete caedi
        mes
r honince uini p singulor suf
re pdiem· quibus ccu donat
     scer treequon   sunbusti
collerencia ccbsdi neui cce
cenas   h habenti   lon
ncem se hecbituros mercedem·
                        not durusa
ere qd sigit loci necersitees·
            pru nst   dessumares mes
or ccut cerdor &ccur ccmpli
  peitu   insell suanu desherosun
oposcerit inccrbitnyo pnons

43.c.

De insolencia sandrati sub abbate notkero

quo tractus erat. mirum esse ait quod corpus ad
columnam tegmis quondam passus est
dyaboli se alterius satore tegmis ad columnam quidem pati. Neque enim minus
mirum quadoque evenire. si sandrato per
manus suas quod ex suo corde audit accidat. Talia eo mitius verbera sibi perficiente. ipse
adhuc de illo ictu stupidus residens. valde
expavit. humique totam abbate stratus.
ut eum absolveret petiit. quidque sibi met
post hec faciendum sit pro regis amore se
doceat. Et decanus. Nimis urges ait do-
minum meum ut te quis tot monachos ut ais
docuisti. nosque post tot episcopos et abbates
docere venisti. doctor tuus esse presumat
Et abbas. Quia regi domino fide (o vir dei)
ait iuravi. quod nobis tu feceris ego
habeo pati usque ad id quod magistro tuus re-
gule esse tu dicis. si fratres meos quasi stolide
audaces manu cedendos insilueris. Etenim
in fide assero. Utrumque meum quasi regulam
etiam nunc operati sumus. tu filium meum
absque iudicio cedendo manibus. ego ut tibi
satisfacere verberibus. Cumque omnes eum ut
litteris gesta eius ottoni filio mittendas
tradi iuberet. Surgens ille quasi ceteris ex-
emplum dando totum exuit. et totum
se expandit. superque illum se extendit. utique
puniret pro tali excessu gemens oravit
Cumque plerique omnes ut vapularet optaret.
Abbas illum induere. quoque dem nuntius regis honorandus sit iussit. Deinde illum cum
fratre lesus pro potestate pacificas. quomolibet
tamen agere vellet. arte sua non exhi-
buit. At ille cum cominus vino non pareret.
transactis que ab hoc articulo aliquot diebus
in magistratu suo iterum insolesceret. quadam nocte vino sepultus. stertendo et ster-
nutando fratres inquietaverat. Bernum vero
suum hattonem qui olim post adventum suum
loco discesserat clamans. Sive nequam
ait ubi es. Sicque insaniens. tandem ad
urinam surrexit sine rocco et nudipes

Otthoni pro fratris

Rumonis que prius propter inquietudine
eius fuit absolutus scamnum lecti primo po
Crastina vero ad decanum querela cordis
et turpitudinis capitulo ...
iterum ut et prius sponte sua ...
exuit. et super expansum se extende
puniri postulavit. At rumo surger
decano quidem non iubente. flagello
quod cominus pendebat modeste sum
maximos illi ictus infregit. Decanoq
illum quidem quid nam faceret ...
Quod iussistis ait et quod ipse pegit facio
mulabat enim se nutum eius putasse
terrimque maiores adhuc fortissime
fregerat Illoque re sibi quod umquam ...
venerit vociferante. decano surgen
vix ereptus est. Rumo autem tante au
toritatis meritis suis erat. ut a men
sit notatus ab aliquibus idonee fecisse
sit dictus. Iubet tandem abbas qui su
omnibus lectu illi sternendum inquinata qu
primo hospitatus est. vigilemque ei industr
de familia dari. Ibi ille aliquando decem
pletorio veniens. videns vigilem
carnes paratas super mensulam ...
nam illum nimis diligens. fidum esse
fidebat. Anime mi ait. de carnibus e
michi dato et celatum habeto. Quod cum
libens fecisset. de carnibus saturato
vinum porrexit. At ille de famulo a
mine unque in loco viso denarios ...
unanimi suo osculato. ut et aliis no
bus par faceret dedit. Cumque hoc ille i
crebro clausis super se intus ostiis fecisse
quadam die richero sciscitanti quomod
se magister fecerit noctu haberet. Enimvero op
time ait. si ei carnes iam dare habe
nam quas habere potui consumpsimus. Bn
ille ait mi sodes narras. neque enim tib
prime deerunt. Sed quod tibi dico. ut ...
rures facito. Ianuas nocte proxima ser
te simulato. reseratasque sinito. Et a
ministris meis qui abundent carnibus sup

St. Gallen, Stiftsbibliothek
Cod. Sang. 610, S. 430
Papier, 521 Seiten
29 × 20.5 cm
Kloster St. Gallen,
1452–1459

Mehrere Sandrat-Episoden sind in dieser Handschrift am oberen Seitenrand mit einer roten Überschrift *De insolencia Sandrati sub abbate Notkero* («Über die Frechheit Sandrats unter Abt Notker») versehen.

Darf man im Kloster Fleisch essen?

Die Frage, ob Mönche Fleisch essen dürfen oder nicht, ist in der Benediktsregel eindeutig beantwortet: «Auf Fleisch vierfüssiger Tiere sollen alle verzichten, ausser die ganz schwachen Kranken» (Kap. 39).[31] Trotzdem hat der Fleischkonsum in Benediktinerklöstern häufig Anlass zu Auseinandersetzungen gegeben. So genau hielt man es nämlich mit der Regel nicht immer, auch in St. Gallen. Ekkehart IV. berichtet in seinen *Casus sancti Galli* von mehreren Visitationen des Klosters, bei denen die Frage nach dem Fleischessen eine zentrale Rolle spielt.[32] Im Jahr 964 sucht eine Kommission von je acht Äbten und Bischöfen im Auftrag Kaiser Ottos des Grossen (reg. 962–973) St. Gallen auf, weil unter anderem der Verdacht besteht, einige Mönche ässen Fleisch vierfüssiger Tiere. Unter den Visitatoren kommt es zu einer lebhaften Diskussion darüber, ob das zu tadeln sei oder nicht. Ausgerechnet ein Benediktinerabt, Milo von Ellwangen (erw. vor 973),[33] verteidigt den Fleischkonsum mit den Worten: «Sofern ihr euch wegen des Fleischessens Skrupel macht, sage ich meine Meinung ganz unverblümt. Nämlich obzwar ja das Pferd nicht zum Essen erlaubt ist, wünschte ich doch eher, mein Mönch verzehre gehorsamst meinen Zelter, als dass er andere Gebote der Regel überträte.»[34]

Dennoch empfiehlt die Kommission, künftig auf Fleisch zu verzichten. Der Abt und die Mönche von St. Gallen beschliessen, diesem Rat zu folgen, obwohl Fisch in St. Gallen keine gute Alternative für das Fleisch von Vierfüssern sei, wie sie sagen. So beklagt sich der Dekan des Klosters über den Mangel an Fischen aus dem Bodensee und die hohen Preise der auswärtigen Fischhändler.[35]

Wenige Jahre später, im Jahr 972, kommt Sandrat, ein Mönch aus Trier und Vertreter der lothringischen Reformbewegung, nach St. Gallen, um zu prüfen, ob die Regel mittlerweile gewissenhafter eingehalten werde. Gemäss Ekkehart erweist sich Sandrat aber als Heuchler. Während er den St. Galler Mönchen, sogar den Kranken, das Fleischessen untersagt und behauptet, er könne den Geruch von Schweinefleisch nicht ertragen, lässt er sich heimlich jeden Abend Fleisch vorsetzen. Die St. Galler Mönche stellen ihm aber eine Falle, ertappen ihn eines Nachts auf frischer Tat und entlarven so die Doppelmoral des Reformers.[36] Ekkehart schildert einen Konflikt zwischen gewachsenen Traditionen des Klosters und aufgezwungenen Reformen. Gemäss dem Mediävisten Ernst Hellgardt zeigt er damit, dass im Kloster St. Gallen die Benediktsregel zwar nicht immer wörtlich, aber dem Geist nach befolgt werde, was er höher bewertet.[37]

Ekkeharts *Casus sancti Galli* sind in St. Gallen in mehreren Codices aus der Zeit zwischen 1200 und 1550 überliefert. Ausgestellt ist eine Abschrift in einer Sammelhandschrift mit Heiligenviten und historiographischen Texten von kurz nach 1450.

Franziska Schnoor

Die St.Galler Bratwurst im Mittelalter: aussergewöhnlich oder ungesund?

Die Geschichte von Kloster und Stadt St.Gallen wurde schon oft thematisiert – sowohl hinsichtlich ihres Mit- als auch ihres Gegeneinanders.[38] Bislang unerwähnt blieb dabei ein im heutigen Kanton St.Gallen identitätsstiftender kulinarischer Aspekt: die Bratwurst. Sowohl in der Stadt als auch im Kloster sind frühe Zeugnisse dazu entstanden.

Das älteste Bratwurstrezept, oder vielleicht besser die ersten überlieferten Anforderungen an eine richtige St.Galler Bratwurst, stammen aus dem Jahr 1438. Überliefert sind sie im Stadtarchiv der Ortsbürgergemeinde St.Gallen in den Satzungen der St.Galler Metzgerzunft. Diese wurden von der Stadtregierung – Bürgermeister und Rat – verabschiedet.

St.Gallen, Stadtarchiv der Ortsbürgergemeinde
Bd. 610, S. 27
Papier, 80 Seiten
45.5 × 33 cm
St.Gallen, 1438

Von den Bratwürsten
Item: Die Bratwürst söllend sy machen von schwininenn Braten unnd darunder hacken guot kalbelen unnd jung Ochsen mit Kalber Zenen, unnd das am minsten umm dry Pfening geschetzt sye, unnd namlich, unnder acht Pfund Praten ain Pfund Speck tuon, unnd nit minder. Sy söllend och kain Nieren, Hertz noch Halsflaisch darin hacken. Sy söllend och kain Flaisch dartzuo nemen, es sye denn vor geschetzt. Wenn sy aber zuo Ziten, so sy des bedörffend, kalbeln oder Ochsenflaisc mitt Kalberzenen nit finden mögend, so sollend sy kain annder Flaisch dann by der obristen schatzung dartzuo nemen ze Buosß an X ß von yedem Mal.

Doch den Schowern zuo geben: Ob weder kalbelen noch Ochsenflaisch mit Kelber Zenen vorhannden werend unnd Flaisch vorhannden, das als guot in die Würst were als Rindflaisch by der obristen Schatzung, das sy inen das Zuohacken nachlassen mögen.

Sy söllend och dehain gesaltzen Term noch Term, die über dry Tag alt sind, dartzuo pruchen noch Flaisch, das über dry Tag ald bis an den dritten Tag gehalten sye, ze Buosß an V ß d von yedem Mal.

Sy söllend och die Würst nit usß dem Wasser wegen noch darin legen an dieselben Buosß.

«Von den Bratwürsten
Ferner: Die Bratwürste sollen sie aus Schweinebraten machen und darunter gutes Fleisch vom Kalb und jungen Ochsen, der noch das Milchgebiss hatte, hacken, das mindestens auf drei Pfennig geschätzt ist, das heisst, bei dem auf acht Pfund Braten mindestens ein Pfund Speck kommt. Sie sollen auch keine Nieren, Herzen oder Halsfleisch darunter hacken. Sie sollen auch kein Fleisch verwenden, das vorher nicht geschätzt wurde. Wenn sie aber zu der Zeit, zu der sie es benötigen, kein Fleisch vom Kalb oder vom Ochsen mit Milchgebiss finden können, dann sollen sie kein anderes Fleisch als von höchster Qualität verwenden bei einer Busse von zehn Schilling für jedes Mal.

Von den bratwürsten

Die bratwürst sollend sy machen von geschwinem
braten, und darunder hacken gut kalbelen, und
jung ochsen mit kalber zeren, und das am minsten
um drü pfening geshetzt syg, und namlich, umb der
acht pfund praten ain pfund speck tün, und nit
minder. Sy sollend och kain nieren hertz noch halsflaisch
dar zu hacken, Sy sollend och kain flaisch dar zu
nemen, es sye dann vor geshetzt. wann so aber zu ziten,
do sy des gebrösten kalben oder ochsen flaisch mit
kalber zeren nit finden mögend, so sollend sy kain
annder flaisch dann by der obristen schatzung dar zu
nemen ze büss an X ß von yedem mal

Doch den thorwern zugeben ob weder kalbelen noch
ochsen flaisch mit kalber zeren vorhanden werend
und flaisch vorhanden, das als gut zu die würst
were als rindflaisch by der obristen geschatzung, das
sy inen das ze hacken nach lassen mögend.

Sy sollend och dehain gesaltzen dern noch dern die
über dry tag alt sind dar zu prüchen noch flaisch
das über dry tag alt ist an den dritten tag och halten
zu ze büss an X ß d von yedem mal

Sy sollend och die würst mit ross dem wasser
vorgen noch dar zu lassen an dieselben büss

Es sal kain wirt den gasten kain würst zu essen
geben, es hab dann ir der metzg gehacket und gemachet,
was aber ainer in sim hus falls mit sinem gsind
prüchen wil, es sye metzger oder ander lüt, mügen
sy wol machen in hus oder wo sy wellen

Den amtlichen Fleischkontrolleuren ist Folgendes mitzuteilen: Wenn weder Fleisch vom Kalb noch vom Ochsen mit Milchgebiss vorhanden ist, aber Fleisch, das genauso gut ist wie Rindfleisch, (also) von höchster Qualität, können sie ihnen dieses als Hack-Zutat erlauben.

Sie sollen auch keine gesalzenen Därme oder Därme, die mehr als drei Tage alt sind, verwenden und auch kein Fleisch, das über drei Tage alt, (das heisst) bis zum dritten Tag aufbewahrt ist, bei Busse von fünf Schilling Denar für jedes Mal.
Sie sollen auch die Würste nicht aus dem Wasser gezogen wägen und auch nicht da hinein legen bei derselben Busse.»
(Normalisierung von Grossschreibung und Zeichensetzung sowie Übersetzung Ursula Kundert)

Im Rezept findet sich die genaue Zusammensetzung des erlaubten Fleischs für Bratwürste, die – anders als die übrigen Würste – schon im Mittelalter Kalbfleisch enthielten. Sämtliche weiteren Würste durften nämlich, so ist an anderer Stelle festgehalten, nur aus Schweinefleisch hergestellt werden.[39] Der Bratwurst hingegen musste Kalbfleisch beigefügt werden, und zwar nicht irgendein Kalbfleisch, sondern *guot kalbelen unnd jung Ochsen mit Kalber Zenen*, also Fleisch von Kälbern oder von kastrierten Stierkälbern, die noch im Besitz des Milchgebisses waren, also nicht älter als etwa zwei Jahre. Weiter musste Speck hinzugefügt werden. Und Innereien durften keine verwendet werden.

In den Zunftsatzungen ist auch festgehalten, wie die Metzger vorgehen mussten, wenn kein Fleisch von Kälbern oder von kastrierten Stierkälbern erhältlich war. In diesem Fall war es ihnen erlaubt, auf ein anderes Fleisch von der *obristen Schatzung* – also der höchsten Qualitätsstufe – auszuweichen. Mit der *Schatzung* ist die heute noch gebräuchliche Qualitätskontrolle durch die amtlichen Fleischschauer gemeint.

Es folgen weitere Massnahmen zur Qualitätssicherung der Bratwurst. Sowohl das Fleisch als auch die verwendeten Därme durften nicht mehr als drei Tage alt sein. Konsequenterweise wurde in den Satzungen die Verwendung von gesalzenen Därmen verboten. Damit hätten die Därme nämlich konserviert und zum Zeitpunkt ihrer Verwendung mehr als drei Tage alt sein können.

Der letzte Abschnitt der Satzungen verbot den Metzgern die Lagerung der Würste in Wasser. Damit sollte wohl vor allem betrügerischen Handlungen vorgebeugt werden: Würste, die dem Wasser entnommen und anschliessend nach Gewicht verkauft wurden, waren deutlich schwerer und damit teurer als nach einer trockenen Lagerung. Diesem Geschäftsgebaren wollte man einen Riegel vorschieben und gleichzeitig auch die Qualität der Bratwürste gewährleisten.

Wie fügt sich nun die Bratwurst in die Geschichte von Kloster und Stadt ein? Heute wird sie nicht als stadtsanktgallisches, sondern als kantonales Produkt wahrgenommen und vermarktet. Dieses verbindende Element hatte die Bratwurst im Mittelalter offenbar noch nicht, wie aus einem weiteren frühen Bratwurst-Beleg, der in der Stiftsbibliothek überliefert ist, hervorgeht. Bei der vermutlich um 1440 verfassten Handschrift handelt es sich um eine Rechtssprechungssammlung, die über den Nachlass von Abt Kaspar von Breitenlandenberg (amt. 1442–1463) in die Klosterbibliothek gelangte. Auf der letzten Seite, ganz am Schluss des in lateinischer Sprache gehaltenen Texts ist festgehalten: *Explicit expliciunt, sprach die kattze weder den hunt, brotworste sint dyr ungesunt.*⁴⁰ Keine grosse Anerkennung für die qualitativen Anstrengungen der städtischen Metzgerzünfte ...
Dorothee Guggenheimer

Weitere Belege zu Würsten
Würste ermöglichen es, fast das ganze Tier in einer haltbaren Form zu verwerten. Neben den Därmen, in die das Fleisch abgefüllt wird, ist dafür Salz als Konservierungsmittel von zentraler Bedeutung.

In der Literatur tauchen Würste bereits in Homers *Odyssee* auf, in der eine Art Blutwurst vorkommt, und im spätantiken Kochbuch *De re coquinaria* ist die Rede von einer Lukanerwurst. In Ekkeharts Tischsegnungen jedoch begegnen wir ihnen nicht, es scheint, dass sie in seinem persönlichen Erleben keine Rolle spielten. Vielleicht auch, weil in Würsten nicht gut überprüfbar war, dass kein Fleisch der von der Benediktsregel verbotenen vierfüssigen Tiere enthalten war.

Wie oben erwähnt, findet sich fast gleichzeitig mit der im Stadtarchiv der Ortsbürgergemeinde überlieferten ersten Festlegung der Standards für St. Galler Bratwürste auch ein humorvoller Spruch zum Thema als sogenanntes «Explicit» am Schluss einer Handschrift der Stiftsbibliothek (Cod. Sang. 718). Er lässt sich wie folgt übersetzen: «Explicit expliciunt, sprach die Katze zu dem Hund, Bratwürste sind ungesund für dich.»

Mittelalterliche Darstellungen von Würsten sind selten. Drei von ihnen hängen jedoch über einer Stange im Februarbild eines deutschen Kalenders aus dem Jahr 1488. Die Szene ist von gutem Zeugniswert für die mittelalterliche Ernährungskultur. Sie zeigt einen Mann, der behaglich am offenen Feuer sitzt, über dem ein Kessel baumelt, in dem er sein tägliches Mus zubereitet. So ging Kochen im Mittelalter.
Cornel Dora

St. Gallen, Stiftsbibliothek
Cod. Sang. 718, S. 412
Papier, 431 Seiten
31 × 22 cm
Italien (?), Glosse: Kloster
St. Gallen (?), 1425/1450

Der humorvolle Spruch über die Bratwurst steht in den beiden Zeilen über dem Stempel.

1 Die *Benedictiones ad mensas* im Kontext

St. Gallen, Stiftsbibliothek
Ink. 843, Bl. cv
DD mitte V 6
GW 16023
Papier, 68 Blätter
18 × 12.5 cm
Deutscher Kalender
Augsburg, Hans Schobser,
20. Juni 1488

Hornung bin ichs genannt erkenn mich. / Gast du nackendt es gereüdt dich / In disem monat ist guot lassen / Isse und trinck zuo massen.

«Februar bin ich genannt, erkenn mich! / Läufst du nackt herum, reut's dich. / Dieser Monat ist günstig für den Aderlass. / Iss und trink mit Mass!»

Hornung bin jchs genannt erkenn mich.
Gast du nackendt es gereüdt dich
In disem monat ist güt lassen
Isse vnd trinck zů massen

Getränke

Optime provisę vix gratia sit Cerevisę. (BaM 257)
«Dem Bier, mit Sorgfalt zubereitet, sei unser Dank gleich zugeleitet.»

Malis iuncta pira stomachi non sentiat ira. (BaM 189)
«Die Birn', den Äpfeln beigegeben, soll nicht meinen Bauch erregen.»

Wir beginnen unsere Reise durch die mittelalterliche Ernährung mit den Getränken.[41] Flüssigkeit ist für den Körper noch wichtiger als feste Nahrung. Wenn Hunger schlimm ist, ist Durst die Hölle. Trotzdem spielt er in den historischen Quellen zu den Hungersnöten keine Rolle. Der Grund dafür liegt darin, dass Wasser als wichtigstes Getränk der Bevölkerung in unseren Breitengraden nie Mangelware ist. Irgenwo ist es immer zu finden.[42] Allerdings war es im Mittelalter nicht immer unbedenklich. In manchem Brunnen lauerte Gefahr durch Verschmutzung und Keime aller Art.[43]

Weil das Wasser gefährlich sein konnte, waren im Mittelalter die mehr oder weniger stark alkoholischen Getränke Wein, Bier und saurer Most wichtig. Ihre berauschende Wirkung war selbstverständlich bekannt, so vermerkt Ekkehart bei Rosinenwein *vinum coctum caput petit* («gekochter Wein steigt in den Kopf», BaM 250). Das aus dem Arabischen stammende Wort «Alkohol» erscheint allerdings erst im 16. Jahrhundert in Westeuropa.[44] Auch Schnaps verbreitete sich erst seit dem 15. Jahrhundert – der früheste Beleg für schottischen Whisky stammt aus dem Jahr 1494.[45]

Ekkehart wendet sich der Segnung der Getränke *(Benedictio potum)* erst am Schluss seiner *Benedictiones ad mensas* zu, allerdings recht ausgiebig in 49 Versen (222–270), die ab Vers 265 ins abschliessende religiöse Gedicht übergehen. In den vorausgehenden Teilen erscheinen vereinzelt weitere Getränke. Zahlenmässig dominieren Wein (18 Verse) und Fruchtwein (3 Verse: *sicera*, *moracetum* [Maulbeerwein] und *passum* [Rosinenwein]), neben Wasser (11), aus Trauben oder Obst gepresstem Most (5, *mustum*), Milch (6), den mit Honig gesüssten Mischgetränken Met (4, *medo*, *temetum*, letzteres kann aber auch Wein bedeuten) und *mulsum* (2), Bier (3) und einigen Spezialitäten wie dem gewürzten Milch- und Käsegetränk *moretum* (1)[46] und dem glühweinartigen *hypokras* (1).

Dass im Kloster St. Gallen bereits im 8. Jahrhundert Wein getrunken wurde, bezeugen die schon in den Urkunden seit dem ersten Virtel des 8. Jahrhunderts überlieferten Weinabgaben.[47] Der Wein wurde freilich oft verdünnt, mit Honig gesüsst oder mit Kräutern gewürzt. Dementsprechend waren die Übergänge zum Mulsum und zum Met fliessend.[48] Klimatisch bedingt ging der Weinanbau nördlich der Alpen im Lauf des Mittelalters zurück, was Alternativen wie dem Bier den Weg öffnete.[49]

Der Auftritt des Wassers in den *Benedictiones ad mensas* ist mit elf Versen bemerkenswert. Ekkehart lobt es unter anderem als Medizin, die dem Wein überlegen ist: *Pluris quam vina fontana valet medicina* («Mehr noch als Wein wirkt die Medizin vom Brunnen», BaM 265).[50] Vermutlich war in St. Gallen Quellwasser in guter Qualität verfügbar.

Wir wenden uns nun aber zwei anderen damals wie heute in St. Gallen geschätzten Getränken zu: dem Bier und dem Most.
Cornel Dora

Bier

Vom Kloster St.Gallen aus soll das Bier insbesondere die benediktinischen Klöster Mitteleuropas erobert haben, so ist es in praktisch jedem Buch über die Biergeschichte nachzulesen. Das ist vielleicht etwas gar viel der Ehre, die vor allem auf den St.Galler Klosterplan von um 825 zurückzuführen ist, auf dem dreimal eine komplette Brauerei abgebildet ist. Einen Plan, den Reichenauer Mönche gezeichnet haben und der zudem so nie umgesetzt wurde. Die Klosterchronik berichtet hingegen konkreter, dass in St.Gallen bereits um das Jahr 900 Hafer auf einer Darre getrocknet wurde, womit die Technik des Mälzens indirekt belegt ist. Und auch die älteste Urkunde im deutschen Sprachraum, in der Bier erwähnt wird, stammt aus St.Gallen. Sie datiert aus dem Jahr 754.

Das Mälzen war ein wichtiges Element für die Bierherstellung. Dabei wird das Getreide durch Befeuchtung und anschliessendes Trocknen so aufbereitet, dass es überhaupt braufähig ist. Diese Technik wurde später, ab dem 16. Jahrhundert, vor allem in Bayern vorangetrieben.

Im Lauf der Zeit veränderte sich nicht nur die Qualität des Biers, sondern auch seine Zusammensetzung. Zur Verlängerung der Haltbarkeit trug die Ergänzung durch Hopfen bei, die in Bayern seit dem 9. Jahrhundert nachweisbar ist. Dadurch verbesserte sich auch der Geschmack.

Die Technik des Gärens entwickelte sich über die Jahrhunderte ebenfalls. Wurden ursprünglich hauptsächlich obergärige, also warm (bei 15 bis 20 Grad) vergorene Biere hergestellt, verbreitete sich in Bayern die Technik der untergärigen Biere, bei denen die Hefe im Gärkeller den Malzzucker bei tieferen Temperaturen (8 bis 10 Grad) verarbeitet wurde. Dieser Vorgang verlängerte die Haltbarkeit von zwei Tagen auf zwei Wochen.

Mit dem Reinheitsgebot von 1516 machten die Bayern die Gerste zum Haupt-Braugetreide. Hafer, Roggen oder gar Hülsenfrüchte verloren ihre Bedeutung als Bierrohstoffe. Und nebenbei sorgte das Reinheitsgebot dafür, dass die unzähligen Kräuter oder gar betäubenden Pflanzenteile, mit denen das Bier gewürzt wurde, aus den Braukesseln verschwanden. Diese Entwicklung verdrängte den Wein als Hauptgetränk sowohl im Bodenseeraum als auch in grossen Teilen Süddeutschlands. Ab dem Spätmittelalter litt der Weinbau unter der sogenannten «Kleinen Eiszeit», die vom 13./14. bis ins 19. Jahrhundert dauerte. Die kalten Frühlinge und feuchten Sommer setzten den Reben zu. An ihrer Stelle wurde deshalb zusehends Getreide angebaut und statt Wein begannen Land- und Stadtbevölkerung immer mehr Bier zu trinken.[51]

Dominik Flammer

Getreidesaft Bier

Die Geschichte des Biers reicht zurück bis ins 7. Jahrtausend vor Christus. Damals entwickelten sich an verschiedenen Orten der Welt die Voraussetzungen für das Vergären von Getreide.[52] Das so entstehende Getränk war nahrhaft und aufgrund seines Alkoholgehalts, der enthaltenen Kohlensäure und des niedrigen pH-Werts auch sicher.[53] Allerdings war der Prozess zur Herstellung vergleichsweise lang und aufwändig.[54]

Über Herstellung und Verbreitung des Biers berichtet Jonas von Bobbio (um 600 – nach 659) kurz, aber aufschlussreich, im Kapitel 16 seiner Lebensgeschichte des heiligen Kolumban von Luxeuil (um 540 – 615), des Lehrers von Gallus: Bier, schreibt Jonas, sei «ein Getränk, das aus dem Saft von Getreide oder Gerste herausgekocht wird» und bei den Skordiskern (einem Volk auf dem Balkan) und Dardanen (einem Volk in Kleinasien) sowie in Gallien, Britannien, Hibernien (Irland) und Germanien gebräuch-

---

St. Gallen, Stiftsbibliothek
Cod. Sang. 553, S. 50–51
Pergament, 228 Seiten
23 × 14.5 cm
Kloster St. Gallen,
9. Jahrhundert

Jonas, *Vita Columbani*,
Buch I, Kapitel 16
Cum hora iam refectionis adpropinquaret et minister refecturi cervisam administrare conaretur, quae ex frumenti vel hordei suco excoquitur, quamque prae ceteris in orbe terrarum gentibus praeter Scordiscis et Dardanis gentes quae Oceanum incolunt usitant, id est Gallia, Brittannia, Hibernia, Germania,

ceteraeque ab eorum moribus non disciscunt [...]. «Es war bereits Zeit zum Essen, und der Tischdiener will das Bier bereitstellen – ein Getränk, das aus dem Saft von Getreide oder Gerste herausgekocht wird und das unter allen Völkern des Erdkreises besonders die Skordisker und die Dardanen und die am Ozean wohnenden Völker gebrauchen, nämlich in Gallien, Britannien, Hibernien und Germanien – andere Völker haben es von ihnen nicht gelernt.»
(Rechte Seite ab Zeile 2, Übersetzung Frank/Dora)

lich sei.[55] Cod. Sang. 553, die hier gezeigte Handschrift, ist einer der zwei ältesten Zeugen dieses Texts.

Von der berauschenden Wirkung des Biers, das «aus dem Saft von Weizen kunstvoll hergestellt wird» *(suco tritici per artem confecto)* erzählt beispielsweise der Historiker Orosius (um 380 – um 420) in seiner *Historia adversos paganos* (Buch V 7, 13).[56]

Ein einzigartiges Dokument, das in keiner Biergeschichte fehlen darf, ist der St. Galler Klosterplan (Cod. Sang. 1092) von um 825.[57] Die drei darauf eingezeichneten Brauereien bestehen jeweils aus zwei Räumen, einer für das Brauen, der andere für das Kühlen des Biers.[58]

Wenn auch der Klosterplan nie umgesetzt wurde, ist doch anzunehmen, dass das Kloster St. Gallen spätestens um 900 über eine eigene leistungsfähige Brauinfrastruktur verfügte. Ekkehart berichtet in den *Casus sancti Galli* von einem grossen Kessel und einer Darre zum Trocknen von bis zu 100 Malter Hafer Biergetreide.[59] Daraus lässt sich schliessen, dass das damals verbreitete Haferbier hergestellt wurde.[60] Ein weiteres Indiz für das Bestehen einer Brauerei im Kloster ist die Tatsache, dass die Bierabgaben in den St. Galler Urkunden ab 840 wesentlich zurückgehen.[61]

Sowohl auf dem Klosterplan als auch in den *Benedictiones ad mensas* finden wir zwei Begriffe für «Bier», *celia* und *cerevisa*. Während Ekkehart (BaM 255, 257, 258) damit Gerstenbier und Haferbier unterscheidet, ist das beim Klosterplan nicht klar.[62] Aus jedem Brauprozess ging aber ohnehin je nach Rohstoffen und Prozess ein Produkt mit eigenem Charakter hervor. Dass das auch schief gehen konnte, zeigt Vers 258 der *Benedictiones ad mensas,* in dem schlecht gebrautes Bier vorkommt. Das Bemühen um einen optimalen Brauvorgang führte dazu, dass das Bier später eines der ersten Nahrungsmittel war, in dem die Qualität durch Reglementierung gesichert wurde.

Cornel Dora

Apfelmost

Der berühmteste Schweizer Apfel dürfte jener sein, den Wilhelm Tell seinem Sohn Walter der Legende nach vom Kopf hatte schiessen müssen. Und das angeblich im Jahr 1307. Doch ausgerechnet dieser Symbolapfel belegt, dass es sich bei der Tell-Sage um einen Mythos handelt. Schliesslich waren zu Beginn des 14. Jahrhunderts knackige Kulturäpfel in der Schweiz etwa so selten wie Einhörner. Denn die Technik des Veredelns von Äpfeln war im Mittelalter ausser in einzelnen Klostergärten fast unbekannt. Das Wissen um die Zucht grosser süsser Früchte aus der Römerzeit war weitgehend verschwunden und verbreitete sich erst wieder im 16. und 17. Jahrhundert. Das erklärt auch, weshalb grosse Kulturäpfel in dieser Zeit sehr häufig auf gemalten Stillleben auftauchen: Sie stellen Tafelobst dar, das ausschliesslich in Fürstenhäusern auf den Tisch kam.

Frisch gegessen wurden Äpfel im Mittelalter kaum, da es sich mit wenigen Ausnahmen um Mostäpfel handelte, die meist zu Saft gepresst und vergoren wurden. Die Auswirkungen der «Kleinen Eiszeit» ab dem 13./14. Jahrhundert förderten die Rückbesinnung auf die Veredelung des Obstes. Viele Gemeinden begannen nun damit, ihre Kühe im Sommer auf die Alpen zu treiben und sie nicht mehr auf ihren Allmenden grasen zu lassen. Schliesslich galt es, das Heu in der Ebene als Winterfutter zu sichern. Die gemeinschaftlichen Flächen boten dadurch mehr Platz für den die Graswirtschaft perfekt ergänzenden Obstanbau.

Kupferstiche der Frühen Neuzeit und Fotografien belegen, dass unsere Dörfer bis zu den staatlichen Baumfällaktionen der 1960er-Jahre kleinen Weilern glichen, die von Obstwäldern umgeben waren. Obwohl immer häufiger grössere und saftigere Äpfel und Birnen geerntet werden konnten, wurde dennoch ein Grossteil davon weiterhin zu saurem Most verarbeitet. Süssmost war bis zu Beginn des 20. Jahrhunderts unbekannt und wurde vom Schweizer Reb- und Obstbauexperten Hermann Müller-Thurgau (1850–1927) eingeführt, dem Pionier der alkoholfreien Obstsäfte. Dem Züchter der bekannten Riesling x Sylvaner-Traube gelang es, mit Hilfe des noch jungen Pasteurisierungsverfahren das frisch gepresste Obst so zu konservieren, dass es ohne zu vergären über längere Zeit haltbar gemacht werden konnte.[63]

Dominik Flammer

Malis iuncta pira stomachi non sentiat iras

Apfelmedizin

Hieronymus, der die Bibel ins Lateinische übersetzte, setzte den Apfel, lateinisch *malus*, als erste Frucht des Gartens Eden in Szene. Er nutzte dafür den Doppelsinn des Worts – denn *malus* bedeutet auch «der Böse». Im hebräischen Urtext war allerdings nicht von einem Apfel die Rede, sondern von der «Frucht vom Baum der Erkenntnis». So findet es sich denn auch korrekt in heutigen Bibelübersetzungen.[64] Trotzdem hält sich der Apfel hartnäckig als Frucht, die Eva mit Adam zusammen gegessen haben soll.

Äpfel sind knackig, saftig, süss und auch etwas säuerlich, zudem vitaminreich und gesund. Sie sind vergleichsweise gut haltbar und lassen sich als Most zu Getränk verarbeiten – und für die Medizin nutzen. Von solchen Medizinalmosten schreibt der antike Schriftsteller Quintus Gargilius im 3. Jahrhundert nach Christus im Kapitel 42 *De malo* seines Werks *Medicinae ex oleribus et pomis* («Heilmittel aus Gemüse und Obst»).[65] Er nennt die gesundheitsfördernden Eigenschaften der Äpfel. Most (*mustum*) aus Äpfeln und Birnen eignet sich nach Gargilius für die Herstellung von Heilmitteln. Aber auch andere Getränke könne man für diesen Zweck nutzen: Met aus Wein und Honig (*mulsum*), Essigwasser (*posca*), Rosinenwein (*passum*), unverdünnten Wein (*merum*) und den oft mit Wasser verdünnten Falernerwein vermischte man mit Medizinalkräutern und -substanzen. *Mustum, mulsum, passum* und Falerner begegnen uns auch bei Ekkehart.

Gargilius nimmt in seinem Kapitel zum Apfel Bezug auf den griechischen Arzt Dioskurides (um 40 – um 90 n. Chr.). Nach ihm, so Gargilius, förderten Sommeräpfel den Schleim und erhöhten die Hitze der Galle, ausserdem verursachten sie Blähungen und seien nicht gut für die Sehnen im Körper. Gegen Ende seines Werks verrät Gargilius noch ein Rezept für medizinischen Quittensaft (Kap. 63), der gegen Appetitlosigkeit und Verdauungsbeschwerden helfen soll. Zutaten sind zwei Krüge Saft von grossen, süssen Quitten, dazu Honig, Essig, Ingwer und weisser Pfeffer. Geschmacklich dürfte dies ansprechend gewesen sein.

Die St. Galler Handschrift Cod. Sang. 752 bildet neben einem weiteren Textzeugen, der sich heute in der Universitätsbibliothek Leiden befindet (VLO 92), die wichtigste Überlieferung dieses interessanten medizinischen Werks.[66] In einem anderen, nur fragmentarisch erhaltenen Text berichtet uns Gargilius auch noch über den Anbau von Obstbäumen.[67] Von diesem Anbau hing es ab, ob sich grössere und ergiebigere Früchte erzielen liessen. Auf die Frage der Apfelqualität treffen wir auch in den Legenden der Heiligen Kolumban (Kap. 9 und 27) und Magnus (Kap. 3). Kolumban musste in der Einöde kleine Äpfel essen, und bei beiden Heiligen tritt ein Bär auf, der ihnen hilft, gute Äpfel zu lesen.[68]

Cornel Dora

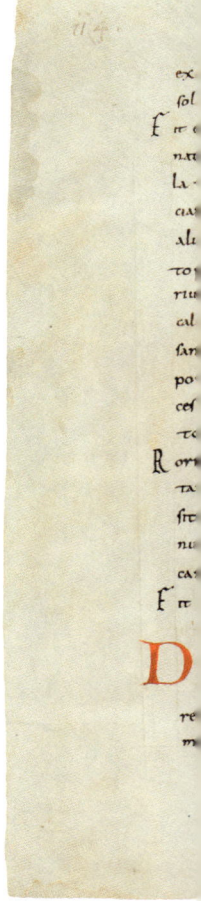

St. Gallen, Stiftsbibliothek
Cod. Sang. 752, S. 114–115
Pergament, 326 Seiten
25 × 19 cm
Kloster St. Gallen, um 900

Der Beginn von *De malo* (hier Kapitel XLI, in heutigen Ausgaben Kapitel 42): *Dioscorides quod ad aestiva mala pertineat ita sensit ut ea crederet flegma nutrire, fellis ardores excitare, inflationes movere, nervosis partibus minime convenire.* «Dioskurides vertrat in Bezug auf Sommeräpfel die Meinung, dass sie den Schleim nähren, die Hitze der Galle erhöhen, Blähungen verursachen und nicht geeignet für die sehnigen Körperteile sind.» (Linke Seite ab Zeile 22, Übersetzung Brodersen)

…datus inposce sorbitione succurrit.
…umptum exmore constringit.
…camentum stomatice agrestis nomi…
…usmodi est. detracto cortice ma…
…cus exprimitur. his decoctis adter…
…nerit croci sc· VI· myrrae sc· VI·
…llis obtriti lib· I· hoc medicamen…
…ura sanantur. uerum & uitia na…
…uulnera expurgat & oculorum
…cera & in genitalib. innata per
…ositio. depunicis apud graeco so…
…rorem stomachi ac fastidium ne
…usa conciantur quinq. punica
…cum his sorborum sext· /
…r· Croci sc· VI· Omnia simul
… donec inmellis corpus cras…
… Exhoc codeare grande ple…
…tidie datur. Ipsum uero medi…
…utreo uaso seruatur· /
…asia. quae omnib. nota es /
…ALO
…estiua mala pertinent ita sen…
… flegma nutrire. fellis ardo…
…nes mouere. Neruosis partib.
…Galenus non omnia reicienda

pronuntiat. Sed quę aut aquati saporis aut asperi
aut acidi. aut prope uanitate dulcis occurrunt.
Inhis tantum ee uitia que frustra omnib. adiudicauit.
Ipse austeris & stipticis adest. ferme q. his omnib.
quae sola inhieme seruantur. Easimixtura lecta & sa
lubriter custodita prouenerint. etiam prodesse lan
guentib. adseuerat. Denique farina inuoluta incali
do cinere discocta inquerelis italiter putat stomachi
nausiantis offerri. Potest malum maxime matia
num sanguinem reicientib. pulmonis & iecoris iniurię
obnoxios subleuare. melius tamen si numquam ieiu
nis sed post abū datur. Vis ergo malis umida & fri
gida est. quod maxime exeo comprehenditur. quod
sucus qui fuerit expressus facile transit inacorem.
Austeris tamen malis & acidis possum recentia uulne
ra statim claudi. si contra inponantur. Tumores
atq. liuores exaqua cocta & cum axungia trita compes
cunt. Et exmalis animalibus obtimis nobile medica
mentum. quod graece aedrice dicitur. perquam utile
atq. efficax siquando intendis partib. condilomata
uel papule eminentes quas exacodas medici uocant.
uel calculosa pars carnis excreuerit. Eius compositio
talis est. Mala concisa & interius lignosa parte pur
gata libre unius ponderis. adiectis croci sc· VI· inpas
si sextario decoquuntur. & cum omne concoxerit

3

Brei und Brot

Pultibus et iuttis niveis benedictio guttis. (BaM 148)
«Dem Mus und auch dem hellen Brei in Tropfenform der Segen sei.»

Erige Christe manum tortis benedicere panum. (BaM 9)
«Christus, hebe deine Hand, damit das Brot gesegnet werden kann.»

Mus als Alltagsspeise

«Nach unserer Meinung dürften für die tägliche Hauptmahlzeit, ob zur sechsten oder neunten Stunde, für jeden Tisch mit Rücksicht auf die Schwäche einzelner zwei gekochte Speisen genügen.»[69] So lautet die gängige deutsche Übersetzung des Einstiegs in Kapitel 39 der Benediktsregel. Was genau ist unter diesen «gekochten Speisen» zu verstehen? Ein Blick in die St. Galler Handschrift Cod. Sang. 916 aus der Zeit um das Jahr 800 lässt etwas tiefer blicken:

Auf Seite 93 beginnt das Kapitel *de mensura ciborum* («vom Mass der Speise») und über dem Wort *pulmentaria*, das gewöhnlich mit «Speisen» übersetzt wird, ist in brauner Tinte das althochdeutsche Wort *muaz* zu lesen. Das klingt wie «Mus», und darunter verstehen wir so etwas wie verkochtes Gemüse, etwas dicker als Suppe.

Wer das Wort im Althochdeutschen Wörterbuch nachschlägt, bekommt eine grosse Bandbreite an Übersetzungen angeboten: *muos* oder *muas* bedeutet «Nahrung», «Speise», «Gericht», allenfalls auch «Mahl» oder «Mahlzeit», lateinisch in aller Regel *cibus*. Bei unserer Stelle allerdings steht das Wort *muaz* über dem lateinische Pluralwort *pulmentaria*, das als Plural «Speisen», insbesondere aber «gekochte Speise» bedeutet. Unter dem verwandten Wort *pulmentum* kann eine «dicke Suppe» verstanden werden.

Der St. Galler Schreiber, der *pulmentaria* glossierte – also mit einer Notiz versah – verstand unter den *pulmentaria* einfach *muaz*, also die «gekochte Speise», die ihm wohl am alltäglichsten vorkam. Und *pulmentaria* muss in seinen Ohren ähnlich geklungen haben wie das für Mus oder Brei übliche lateinische Wort *puls*.

Nur wenige Zeilen weiter unten im selben Kapitel der Benediktsregel in der Version unserer Handschrift Cod. Sang. 916 wird das Wort *pulmentaria* noch einmal erwähnt: *duo pulmentaria cocta fratribus ombibus sufficiant* – inhaltlich eine Wiederholung: «Zwei gekochte Speisen sollen also für alle Brüder genug sein.» Hier ist keine althochdeutsche Übersetzung über dem Wort *pulmentaria* zu lesen. Der Begriff wurde ja schon früher als *muaz* geklärt. Über *sufficiant* allerdings steht *kenuht* («ausreichende Menge»). Wer bei der Hauptmahlzeit zwischen zwei «gekochten Speisen» auswählen kann, hat genug. In den Klöstern und auch in St. Gallen sollte kein Hunger herrschen.[70]

Ruth Wiederkehr

Mus und Brei

Habermus und Hirsebrei waren bis weit in die Neuzeit hinein die Hauptnahrung Mitteleuropas. Beide hatten allerdings wenig mit den heute üblichen Getreidespeisen zu tun. Mus oder Brei bestanden vor allem aus Hafer und aus Hirse. Die Hirse wurde später komplett verdrängt, der Hafer wird heute nur noch in Form von Flocken gegessen, die man technisch erst seit dem Ende des 19. Jahrhunderts herstellen kann. Früher wurden die Haferkörner in Mörsern zerstampft, so dass man sie besser kochen konnte.

Dass Breie als Grundnahrung weit wichtiger waren als das ebenfalls aus Getreide hergestellte Brot, hängt mit dem geringeren Aufwand ihrer Zubereitung zusammen. Getreide muss nach der Ernte für einen Brei lediglich gedroschen oder gemörsert werden, bevor man es kochen kann. Beim Brot kommt das Vermahlen des Getreides und die Herstellung des Teigs dazu, für das Feuer im Ofen müssen Bäume gefällt und Holz gehackt werden. Zusatzarbeiten, die sich die meisten der Bauern nicht leisten konnten, um zu ihrem täglichen Essen zu kommen. Wozu denn Mehrarbeit, wenn das Mus über dem Herdfeuer so leicht zu haben ist? Hinzu kam meist das Fehlen von Backöfen, von denen es in den Dörfern allenfalls einen gab.

Im durchschnittlichen Haushalt existierte meist nur eine Feuerstelle mit einem einzigen Topf, in dem verkocht wurde, was Feld und Wald hergaben: Getreide, Bohnen, Erbsen und natürlich auch verschiedene Kohl- und Rübensorten. Gemüse diente vor allem als Geschmacksträger. Denn es verfügt über wenig Kalorien und spielte deswegen als Lebensmittel für die körperlich hart arbeitende Bevölkerung nur eine würzende Nebenrolle (vgl. S. 71). Seine Funktion als gesundes Lebensmittel fand das Gemüse erst ab Beginn des 20. Jahrhunderts, als die Landbevölkerung immer mehr in die körperlich weniger anstrengende Industrie und ins Bürogewerbe einzusteigen begann und man den Wert der neu entdeckten Vitamine zu schätzen lernte.

Die Breie wurden zudem ab Mitte des 18. Jahrhunderts zusehends von der Kartoffel verdrängt, die auf derselben Anbaufläche bis zu fünf Mal mehr Kalorien als alle Getreide lieferte. Durch neue Zuchtsorten und effizientere Düngetechniken, die in der agrarindustriellen Revolution des 19. Jahrhunderts entwickelt wurden, begannen auch die Getreideerträge deutlich zu steigen. In der Folge löste das Brot die Mussspeisen zusehends ab und etablierte sich als bis heute für unsere Ernährung bedeutsames Grundnahrungsmittel.[71]
Dominik Flammer

Ritual mit Brei

Gesetzestexte geben Einblick in die Vorstellungen über die soziale Ordnung und Organisation von Gesellschaften. Eines der einflussreichsten Gesetze des Mittelalters war die lateinisch abgefasste fränkische *Lex Salica* aus der Zeit um 500. Sie besteht einerseits aus Textabschnitten mit Bussen, die Strafen zum Beispiel für Diebstahl oder Mord regeln. Andererseits enthält die *Lex Salica* Paragraphen, welche die Ordnung im Alltag sichern sollen. Hier geht es etwa um das Erbrecht, die Niederlassung von Fremden oder die Wiederverheiratung von Verwitweten.[72] An einer Stelle treffen wir auf ein Ritual, bei dem die anwesenden Zeugen Brei essen sollen.

Abschnitt 80 der in der Rechtshandschrift Cod. Sang. 729 überlieferten *Lex Salica* (S. 312–315) betrifft den Vorgang des Vererbens und trägt die Überschrift *de affatumiae*. Als Rechtsbegriff lässt er sich auf Deutsch als «Affatomie» beziehungsweise «Ankindung» übersetzen.[73] Der Text schreibt detailliert vor, wie ein Mann vorgehen soll, der sein Vermögen beziehungsweise seine Habe an einen nicht mit ihm verwandten Mann übertragen will: Unter Aufsicht des Dorfvorstehers oder Richters *(tunginus aut centenarius)* soll er zuerst seine Absicht kundtun. Anschliessend soll er dem Empfänger eine *festuca* – einen Stab als Symbol für das vererbte Vermögen – in den Schoss werfen. Der nächste Schritt folgt im Beisein von geschworenen Zeugen, die zur Stärkung einen Brei, lateinisch *puls*, serviert bekommen. Abgeschlossen wird der Prozess durch einen Gerichtstag. Die Vererbung von Eigentum an nicht verwandte Personen kommt in diesem merowingischen Gesetz einer Adoption gleich, die durch ein aufwändiges Ritual begleitet wird, in dessen Zentrum die Verköstigung der Zeugen mit Brei steht.[74] Hier wird deutlich, dass das gemeinsame Essen von Brei, das mit Löffeln oder auch mit baren Finger aus einem Topf erfolgte, Gemeinschaft stiftete.

Cod. Sang. 729 enthält drei verschiedene *Leges*, erstens die *Epitome Aegidii*, also den verkürzten Text des Römischen Gesetzbuchs der Westgoten, der *Lex Romana Visigothorum*, zweitens die erwähnte *Lex Salica* und drittens die *Lex Alamannorum*, also das alemannische Volksrecht. Entstanden ist sie zu Beginn des 9. Jahrhunderts vielleicht am Hof Ludwigs des Frommen in Frankreich. Die hier überlieferte *Lex Salica* entspricht der Fassung von Karl dem Grossen, der in seinen Bemühungen um eine einheitliche Rechtsprechung in seinem Vielvölkerreich Gesetzestexte neu abschreiben liess.[75] Wahrscheinlich gelangte die Handschrift bereits im 9. Jahrhundert nach St. Gallen. Im 16. Jahrhundert kam sie zusammen mit der Weltchronik Frechulfs von Lisieux (Cod. Sang. 622), die ebenfalls unter Ludwig dem Frommen entstanden war, in den Besitz von Aegidius Tschudi (1505–1572).[76]

Ruth Wiederkehr

St. Gallen, Stiftsbibliothek
Cod. Sang. 729, S. 314–315
Pergament, 404 Seiten
23,5 × 16 cm
Frankreich, 800/825

*Die Doppelseite zeigt den Schluss von Abschnitt 80 der Lex Salica auf der linken Seite und den Anfang von Abschnitt 81 de filtorto («von den Filtorten [Bezeichnung eines Volks]») auf der rechten Seite.
Et alteri tres testes iurati dicant, quod in casa ipsius, qui fortunam suam donavit, ille, in cuius lesum festucam iactavit, ibidem mansisset et*

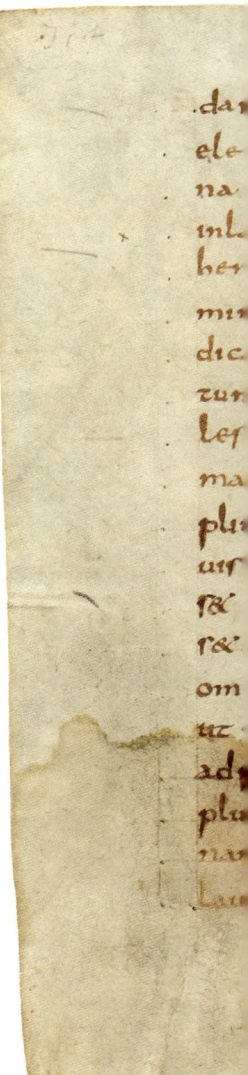

tres ospites aut amplius ibidem collegisset et pavisset et cum ibidem gratias agisset et in beodo suo pultes manducasset.

«Und drei andere geschworene Zeugen sollen sagen, dass in dem Haus dessen, der seine Habe verschenkt hat, jener, in dessen Schoss er die Festuca geworfen hat, sich aufgehalten und daselbst drei oder mehr Gäste versammelt und sie gespeist hat und dass er dort Dank gesagt und an seinem Tisch Brei gegessen hat.»
(Linke Seite ab Zeile 6)

& in ilsum quem
iactare & denomi
eum qui fortunam suā
atus e. & illum quem
llauit. similiter no
ri. tres testes iurati
n casa ipsius qui for
donauit ille in cuius
am iactauit ibidem
tres ospites autem
collegisset. & pauis
ibidem gratias agis
uo pultes manducas
alii tres testes ista
dicere debent. Ita
r haec omnia debet
eo quod ad mallum
ante regem fortu
em heredem apel
m coram bonis

hominib; festucam inlesum ipsius
iactasset.

LXXXI DE FILTORTO

Siquis quilege salica uiuit ser
uum aut ancillam caballum
uel bouem uel aliam quamlib&
rem super alterum agnouerit
mittat ipsam rem inter cia manu
& ille sup quem agnoscitur innoc
tes quadraginta placitum faciat
& ad ipsum placitum quanti fue
rint qui rem uindiderunt uel cam
auerunt. aut furauerunt commo
nentur hoc est ut unus quis sicut in
ter eos negociatum fuit alter
alterius commoneat uenire.
Et si quis commonitus fuerit
& eum sunnis non detenuerit
& ad placitum non uenerit ille
qui cum eo negociauit mittat

Brot

Die Geschichte vom Bettler, der ein Geldstück oder einen Edelstein im Brot findet, taucht in vielen Sagen und Märchen Europas auf. Auch ist der Brauch, ein Geldstück in ein Brot einzubacken, weit verbreitet, ein Brauch, an den auch die Dreikönigskuchen erinnern.

Das bekannteste unter diesen Glücksbroten ist sicherlich das Basiliusbrot in Griechenland, das auch in den Balkanstaaten in der einen oder anderen Spielart zu finden ist. Wie beim Dreikönigskuchen handelt es sich um ein Fest- und Feiertagsbrot. Brote aus Weissmehl, hell und knusprig gebacken, waren früher den Wohlhabenden vorbehalten, während sich die einfachere Bevölkerung allenfalls an hohen Festtagen darauf freuen konnte. Bis weit in die Neuzeit nannte man Weissbrot denn auch «Herrenbrot».

Das Basiliusbrot Griechenlands ist auf Silvester ausgerichtet, eine Zeit, in der in diesem Land die Tradition des Glücksspiels von grosser Bedeutung ist. Eine Münze wird ins Brot eingebacken und wer bei der Teilung des Brots auf das Geldstück beisst, soll ein glückliches Jahr vor sich haben. Dieser Brauch wird auf den heiligen Basilius (um 330–379) zurückgeführt, einst Bischof im türkischen Kappadokien. Er war ein bedeutender Theologe und ist als Kirchenvater auf einem Deckengemälde der Stiftsbibliothek dargestellt.

In der Schweiz gibt es – als weiteres Beispiel – im Baselbiet den Brauch des Patengeschenks in Form eines Wegglis, zwischen dessen beiden Hälften ein «Feufbätzer» eingeklemmt ist. Das Geschenk drückt nicht nur wegen des Geldstücks besondere Wertschätzung aus, sondern auch, weil es aus Weissmehl gebacken ist.

Aufgrund ihrer Form wurden im Alpenraum die harten, flachen und runden Brote – die Hauptform aller Brote in unserem Kulturraum – als «Siebentalerbrote» bezeichnet. Fladenbrote wurden vorwiegend aus Gerste gebacken, einem Getreide, das erst nach dem Mittelalter aus dem Brot verschwand. Im Unterschied zu Weizen und Roggen war Gerste für das Backen gehopfter und luftiger Brote allerdings nicht geeignet, weil ihr der dafür nötige Kleber (Weizengluten) fehlte. Stattdessen wurde die Gerste zum Hauptgetreide für die Bierbrauer. Die Autoren des Reinheitsgebots von 1516 wählten dieses Getreide mit Bedacht, um die traditionellen Brotgetreide nicht zu konkurrenzieren. So blieben diese der Bevölkerung in Zeiten des Getreidemangels als Zutat für ihre Brote erhalten.[77]
Dominik Flammer

Erige xpe manum tortis benedicere panū

ii6

13. zwen bettler giengent uber feld
die hatten weder brot noch gelt
dar vm liden si hungers not
si waunden si miesten ligen tod
do sprach der ein ach got beratte mich
von groussen hunger lid ich
der ander sprach so baratte mich
der gut der da gewaltig ist
uber die land ze diser frist
der mag mir gehalffen wol
von dem hunger den ich dol
also fügt sich das
das ain diener da by was
der dem selben herren dienet do
von do er dia rede hort also
von den batlern do reit er
hain / vnd sait dem herren die mär
von do der herr die rede vernam
za hant hiess er den pfister her gan
dz er bald büche zwaij brot
der pfister tet wo er im gebot
van do die brot warent gebachen
do hiess der herr in dz ein vermachen
hundert guldi vnd dz ander selb
belibau an silber vnd an gold
mit den zwaij brotten sant er hin
den selben knecht vnd hiess in
dz er gäb dem dz hechter brot
der da hat gebetten got
dz swäer brot selt er dem andi gebn
vn sprach blib da vn merck eben
ab ich den minen baratte bass
den got dan sinan van do das
der knecht er höret hat

za hand er zu dem bettler tratt
vn gab dem ersten dz hechter brot
der da bat dz in bariatti got
von dz brot mit den guldin
bot er dem andern bettler hin
der da bat dz in der herr bariati
dz dz selb land bengwieti
do dz brot hat genommen der bettl
do ducht es in vil ze swär
dar von sprach er zu dem gesell
ach wie swär ist dz brotte min
Es ist nit gebachen gnüg
der ander sprach gebis mir es ze trug
wan ich iss gern bin des brott
ze hant als es in der bott
also do der wechsel geschach
von diser dz brot vast brach
do fand er die guld dar inn
vil bald sprach er zu dem gsellen
mich hat got beratten wol
wan das brot ist guldin vol
do vn diser bettler die sach vernam
Er sprach ach wo hin ich getan
Dz brot wz ze erst gebn mir
nu sich wie bin ich betrogen so schir
Es mag mir iemer wesen leid
der erst bettler do ze im seit
ich bat dz got bariatte mich
So bät du aber dz dich
der redispherr bariatti
der das land hie wegietti
dar vm so mag man merken da by
walher ein besser beratter sy
also gieng do der knecht ze hand

St. Gallen, Stiftsbibliothek
Cod. Sang. 643, S. 116
Papier, 242 Seiten
30 × 22 cm
Nordwestschweiz,
15. Jahrhundert, mit
späteren Ergänzungen

«Z[wen bettler giengent über
feld / die hatten weder brot
noch gelt / darumb liden si
hungers not / si wanden si
müsten ligen tod.
«Zwei Bettler gingen über
das Feld. / Sie hatten weder
Brot noch Geld. / Darum litten sie Hungersnot. / Sie
fürchteten, sie fänden bald
den Tod.»
(Linke Spalte ab Zeile 1)

Gold im Brot

Wer Hunger leidet, sehnt sich nach einem Stück Brot – oder nach Geld, um ein solches zu kaufen. Dies zeigt auch eine Kurzerzählung aus der Mitte des 15. Jahrhunderts in der St. Galler Handschrift Cod. Sang. 643.[78] Der Text ist in einer einzig hier überlieferten Kleinepiksammlung eines sonst nicht bekannten Schweizer Anonymus aus der heutigen Nordostschweiz enthalten. Seine Sammlung enthält Fabeln, Mären (schwankhafte Kurzerzählungen), Mirakel (Wundergeschichten) und beispielartige Erzählungen mit moralischer Interpretation.[79]

Das 81 Verse umfassende Erzählstück «Die zwei Brote» (S. 116–117) ist auf seinen moralischen Schluss hin ausgerichtet. Zwei hungernde Bettler bitten um Linderung ihrer Not. Dabei wendet sich der eine im Gebet an Gott und der andere ruft den Landesherrn an, *der da gewaltig ist über dis land ze dieser frist* («der heute über dieses Land herrscht») (Z. 8–9). Per Zufall hört ein Diener des Landesherrn die beiden und erzählt seinem Vorgesetzten von ihnen. Der Herr entschliesst sich, den beiden zu helfen, und heisst den Bäcker zwei Brote backen. Eines davon stattet er mit Münzen im Wert von hundert Gulden aus. Und er gibt seinem Diener einen Auftrag: *dem dz liechter brot, der da hat gebetten got* («dem [gib] das leichtere Brot, der zu Gott gebetet hat») (Z. 28–29). Das mit Münzen versehene, schwerere Brot hingegen solle der andere erhalten, der ihn, den Landesherrn, angerufen habe.

Kaum haben die zwei Bettler die Brote erhalten, geschieht das Unvermeidliche. Der Verehrer des Landesherrn beklagt sich: *ach, wie swär ist dz brotte min. Es ist nit gebachen gnůg* («Ach, wie schwer ist mein Brot! Es ist nicht gut genug gebacken!») (Z. 45–46), worauf der gottesfürchtige Bettler antwortet: *gibs mir, es ist min fůg, wan ich iß gern lindes brott* («Gib es mir! Das ist ein Glück, ich esse gerne weiches Brot») (Z. 47–48). So gelangt das Brot mit den Münzen zu ihm und er ist der Glückliche. Der andere hingegen ruft aus: *ach, wz han ich getan!* (Z. 55) Die zu einem *bîspel* gehörende moralische Interpretation liefert der Landesherr gleich selbst, als er vom Brottausch hört: Kein Mensch solle es sich anmassen, besser als Gott sein zu wollen. Wer es doch tue, dem sei die Strafe gewiss, denn was Gott wolle, das geschehe.

Eingebettet ist diese Kurzerzählung zwischen zwei weitere Texte, die sich inhaltlich ebenfalls mit dem Essen verbinden: Die Geschichte «Der Koch» (S. 113–115) auf den vorhergehenden Seiten erzählt von einer Hofdame, die sich mit dem Klosterkoch im schönen Klostergarten vergnügt. Die Fabel «Der Wolf und die Geige» auf den nachfolgenden Seiten (S. 117–118) macht süsse Geigenklänge zum Thema. Der Wolf wähnt, wenn der Klang derart von Süssigkeit umfangen sei, müsse auch die Geige fein schmecken, und beisst in den harten Holzkörper.[80]

Ruth Wiederkehr

Fleisch und Fisch

Carnibus elixis benedicimus atque refrixis. (BaM 115)
«Ob gar, ob kalt, es sei gesegnet, alles Fleisch, das uns begegnet.»

Fortis in Esocem mittat benedictio Vocem. (BaM 45)
«Lauten Segens Preis sei mit des Lachses Fleisch.»

Das Beispiel von Fleisch und Fisch gibt uns Gelegenheit, einen konkreten Blick auf die *Etymologiae* Isidors von Sevilla zu werfen, die wichtigste Quelle Ekkeharts IV. für seine Tischsegnungen. In Buch XX behandelt Isidor unter anderem eine Reihe von Fleischspeisen. Seine Ausführungen sind wertvoll für unsere Kenntnis der damaligen Nahrungsmittel und der Esskultur. Weniger geglückt sind dagegen die Versuche, die etymologische Herkunft der Wörter zu erklären:

«20 *Carnes* (Fleischspeisen) werden so genannt, weil es Fleisch ist, oder von *creare* (erschaffen) her, woher es auch von den Griechen κρεας genannt wird. *Crudus* (roh) [heisst so], weil es *cruentus* (blutig) ist, es ist nämlich mit Blut [verschmiert]. *Coctum* (gekocht)

21 [ist gleichsam *coactum* (gezwungen), weil es von Feuer oder Wasser mit Gewalt bearbeitet wird *(agere)* bis es zum Verzehr geeignet ist]. Aber auch nach einer langen [Liege-]Zeit wird etwas *coctus* (gekocht, gegart) genannt.

22 *Assum* (Kalbsbraten) [heisst so], weil es glüht *(ardere)*, wie *arsum* (geglüht). *Elixus* (gesotten, gekocht) [heisst so], weil es in reinem Wasser gekocht wird. *Lixa* (Lauge) wird nämlich das Wasser genannt, weil es gelöst *(solutus)* ist. Woher auch der freie Lauf der Wollust *luxus* (Schwelgerei, Ausschweifung) und die von ihrem Ort gelösten Glieder *luxa* (Ausrenkung) heissen.

23 *Frixus* (Röst-/Dörrfleisch) ist nach dem Ton benannt, wenn es im Öl glüht. *Salsum* (Salzspeisen), gleichsam *sale asparsum* (mit Salz besprengt), indem man [drei] Silben in der Mitte wegnimmt. *Rancidum* (Ranziges, Stinkendes) ist von einem Fehler her so benannt, weil es dumpf macht.

24 *Succidia* (Speckseite) ist zum Gebrauch zurückgelegtes Fleisch, nach *succidere* (abschneiden) benannt. *Lar[i]dum* (Speck) [heisst so], weil es ins Haus gelegt aufbewahrt wird. Denn die Alten nannten die Häuser *lares* (Haus- und Schutzgötter). *Taxea* nennt man gallisch *laridum*.»
(*Etymologiae* XX, II, 20–24)[81]

Von den zehn etymologischen Herleitungen Isidors in diesem kurzen Auszug treffen wohl nur drei ganz oder wenigstens teilweise zu: Von *crudus* gibt es tatsächlich über das Substantiv *cruor* («das rohe, dicke Blut») einen Bezug zu *cruentus*, und *elixus* dürfte tatsächlich wie *lixa* («Wasser, Lauge») vom Verb *liquēre* («flüssig sein») abhängen und *succidia* ist zwar tatsächlich eine Anlehnung von *succidere*, eigentlich wäre aber *sucidia* der korrekte lateinische Begriff, was wörtlich «Schweineschlachten» bedeutet. Die übrigen sieben Versuche Isidors *(carnes, coctum, assum, frixus, salsum, rancidum, lardum)* sind gänzlich missglückt.[82]

Cornel Dora

Fleisch
Über die fantasievolle Auslegung der von Benedikt verordneten Regeln zum Verzicht auf den Konsum von vierfüssigen Tiere liessen sich Bibliotheken füllen. Dass ausgerechnet ein gleichnamiger Papst, nämlich Benedikt XII., es im Jahr 1336 den Klöstern erlaubte, dreimal wöchentlich Fleisch von zwei- oder vierbeinigen Tieren zu essen, dürfte so manchen Fleischliebhaber unter den Mönchen beruhigt haben. Lebhaft war auch die Diskussion darüber, inwiefern Vierbeiner, die im Wasser leben, eigentlich Fische seien und deshalb als Fastenspeise erlaubt. Ein Beispiel dafür ist der Biber, den Ekkehart *fiber piscis* («Biberfisch», BaM 70) nennt. Analoges galt in einigen Klöstern zeitweise für die Weisswangengänge (vgl. S. 17).

Das ist der Hintergrund dazu, wenn Ekkehart in seinen *Benedictiones ad mensas* von «den Fischen gleichgestellten» Vögeln (BaM 73), von einem «erlaubten Vogelmahl» (BaM 89, mit Variante *licentia*) oder von «erlaubtem Geflügel» (BaM 94) spricht. Und überhaupt erwähnt er in den Versen 75 bis 94 eine ganze Reihe schmackhafter Vogelarten: Pfau, Wachtel, Huhn, Hahn und Hühnchen, Fasan, Schwan, Gans, Kranich, Ente, Rebhuhn, Taube und Turteltaube. Hier zeigt sich mindestens in Gedanken im Kloster eine gewisse Neigung zu aussergewöhnlichen Genüssen. Diese pflegte auch Abt Notker (971–975), der gemäss Ekkehart (*Casus sancti Galli*, Kap. 136) einen Stall errichten liess, in dem neben wilden Tieren auch Geflügel und zahme Vögel gehalten wurden.

Bevor sie auf dem Teller landeten, mussten die Vögel gefangen werden. Eine solche Szene ist in der Kolumbansvita (Kap. 27) und auch in der von dieser abhängigen Magnusvita (Kap. 3) beschrieben und in Cod. Sang. 602 (S. 161) im Bild festgehalten. Der Vogelfang wurde weit über das Mittelalter hinaus praktiziert. In St. Gallen erzählen davon heute noch Flurnamen wie «Lerchenfeld» im Westen der Stadt oder «Vogelherd» im östlichen Vorort Wittenbach, Flurnamen übrigens, die im deutschsprachigen Raum hundertfach zu finden sind. Dass neben Ekkehart auch der griechische Arzt Anthimus († um 530) zahlreiche Vögel nennt, die sich zum Verzehr eignen, zeigt deren Bedeutung für die spätantike und mittelalterliche Ernährung.

Hätte in der Schweiz der Gesetzgeber in der zweiten Hälfte des 19. Jahrhunderts nicht eingegriffen und dafür gesorgt, dass der Fang und der Abschuss von Wildvögeln mit ganz wenigen Ausnahmen verboten wurde, wäre es wohl kaum zur heutigen Tabuisierung des Wildvogelverzehrs gekommen. Und dennoch lebten die Rezepte und wohl auch der Frevel an den Vogelbeständen in unserem Land noch Jahrzehnte weiter, wie Schulkochbüchern in vielen Rezepten zur Zubereitung von Lerchen und Wacholderdrosseln zu entnehmen ist.[83]
Dominik Flammer

Carnibus felix is benedicunt atque refugiunt

XXVII DE GRUIS

Carnes uero de gruis int[er] du[ras] de-
siderio q[ue] & ipse nigras carnes [ha]-
bent & melancolica[m] homo[rum] ge[nerant]

XXVIII DE PERDICES

Perdi[ces]
bone sunt maxime pectora ip[sarum]
coctas na[m] assas p[rae]terea illis con-
ue[n]iunt qui fluxum uentris pat[i]-
tur uel desentericis ut eli-
bene[ri]nt in aqua pura sine ul[la]
ditura & si potest fieri nec [ad]-
mit tendu[m] nec oleum nisi un[us]
fasciculu[m] de coriandro & coc[–]
cum ipso pectus tantum come[dat]
si potuerit sine sale si uero [non]
tingat in sale.

XXVIIII DE COL[UMBIS]

Colu[m]be agrestis non sunt con[–]
de domesticis uero colu[m]bis: p[ul]-
lis iprorum apti & boni & sa[nis]
& infirmis & cocti & assati may[–]

St. Gallen, Stiftsbibliothek
Cod. Sang. 762, S. 236
Pergament, 278 Seiten
19.5 × 12.5–13 cm
Italien (?), kurz nach 800

Ein kurzes Rezept für die Zubereitung von Rebhühnern:
Perdices [...] elixe bene sint in aqua pura sine ulla conditura, et, si potest fieri, nec sale mittendum nec oleom nisi unum fasciculum de coriandro [...].
«Rebhühner sollen gut gargekocht sein in reinem Wasser ohne jedes Gewürz, und wenn möglich soll weder Salz daran gegeben werden noch Öl, nur ein Bündelchen Coriander.»
Ab Zeile 5 und 9, Übersetzung Liechtenhan)

Spätantike Fleischrezepte

Einen Blick in die spätantike Küche erlaubt uns der Brief des griechischen Arztes Anthimus († um 530) über Speisediätetik, der in St. Gallen in zwei Handschriften des 9. Jahrhunderts überliefert ist (Cod. Sang. 762 und 878).[84] Die hier ausgestellte Sammelhandschrift Cod. Sang. 762 ist der älteste erhaltene Textzeuge des Briefs.[85]

Anthimus wurde vom oströmischen Kaiser Zenon (reg. 474–491) verbannt, weil er den ostgotischen Heermeister Theoderich Strabo († 481) unterstützte. Anthimus ging ins Exil zu den Ostgoten, wo er sich zunächst im Umfeld von Theoderich Strabo und später am Hof Theoderichs des Grossen (reg. 474–526) in Ravenna aufhielt. Vermutlich als Botschafter Theoderichs hatte er Kontakt zu den Franken, an deren König Theuderich I. (reg. 511–533) sein Brief adressiert ist. Anthimus behandelt zahlreiche einzelne Nahrungsmittel und Getränke und legt dabei einen deutlichen Schwerpunkt auf Fleischgerichte, denen er fast die Hälfte des Textes widmet. Von Rindfleisch über Lamm, Hirsch, Schwein und Hase bis hin zu Fasanen, Gänsen, Enten, Hühnern, Rebhühnern und Singvögeln sowie verschiedenen Fischen und sogar Muscheln und Austern behandelt er jedes nur erdenkliche essbare Tier.

Manchmal schreibt Anthimus nur, ob das betreffende Tier bekömmlich ist oder nicht. So sind seiner Meinung nach etwa «Grasmücken [...] gut und bekömmlich» (Kap. 31), Forelle und Barsch «besser als andere Fische» (Kap. 39).[86] Nicht selten fügt er noch hinzu, wie das Fleisch zubereitet werden soll: «Lammfleisch und Fleisch von jungen Ziegenböckchen ist sehr bekömmlich in jeder Form, gedämpft oder in einer Brühe gesotten; auch gebraten ist es zuträglich» (Kap. 5).[87]

Sehr ausführlich geht Anthimus auf den Speck ein, den die Franken offenbar lieben und sogar als Medizin innerlich und äusserlich anwenden: «Für Speck haben die Franken eine unbezwingliche Vorliebe. [...] Was den rohen Speck anbetrifft, den, wie ich höre, die Herren Franken zu essen pflegen, wundere ich mich sehr, wer ihnen ein solches Heilmittel bekannt gemacht hat, so dass sie keine anderen Medikamente brauchen» (Kap. 14).[88]

Wahrscheinlich wurde der Brief des Anthimus in St. Gallen erst lange nach Entstehen der Handschriften zur Kenntnis genommen. Cod. Sang. 762 erscheint erstmals im Bibliothekskatalog des Klosters von 1461; Cod. Sang. 878 ist sogar erst im 18. Jahrhundert mit dem Nachlass von Ägidius Tschudi (1505–1572) in die Klosterbibliothek gekommen.[89] Viele der Ratschläge zu Fleischgerichten hätten im Kloster ohnehin mit Vorsicht genossen werden müssen, da der Konsum von vierfüssigen Tieren aufgrund der Benediktsregel verboten war. Die übrigen Kapitel, etwa zu Geflügel und Fischen, hätten hingegen von Nutzen sein können.

Franziska Schnoor

Fisch

Um die zahlreichen fleischlosen Tage zu überbrücken, investierten viele Klöster nicht nur grosse Anstrengungen in die Pflege von Zuchtweihern, sondern auch in die Beschaffung von Wildfischen. Das Kloster St. Gallen nutzte dabei sein grosses Einzugsgebiet. Den von Ekkehart erwähnten Lachs beschafften sich die Mönche entweder von unterhalb des Rheinfalls, aus dem Zürichsee oder wie die Huchen (auch Donaulachse genannt) aus dem Oberlauf der Donau. Denn den Rheinfall konnten die Lachse auf ihrer Wanderschaft zu ihren Laichplätzen nicht überwinden, so dass der Bodensee diese Fische nie beherbergte. Die Huchen kamen damals wie heute ausschliesslich entlang der Donau und ihrer Zuflüsse vor.

Die Brotfische der mittelalterlichen Fischer waren die verschiedenen Arten von Felchen und Rheinanken, von denen vom Untersee aus jährlich grosse Mengen ans Kloster Reichenau sowie an den Bischof von Konstanz geliefert wurden. Mit diesen Fischzehnten mussten die Seefischer für die Rechte bezahlen, die ihnen von den Klöstern und dem Bistum verliehen wurden. Eine schon im hohen Mittelalter in den Klöstern begehrte Delikatesse waren die kurz vor Weihnachten gefangenen Gangfische. Dabei handelte es sich um geräucherte und nicht ausgenommene weibliche Felchen, die noch den unausgereiften Rogen in sich trugen. Dieser ist von Fischliebhabern als «Bodensee-Kaviar» seit Jahrhunderten begehrt. Allein das kleine Fischerdorf Gottlieben – in unmittelbarer Nachbarschaft von Konstanz – musste im Jahr 1521 insgesamt 13 000 Gangfische an den Klerus abgeben.

Fische gehörten während des gesamten Mittelalters auch in der Stadt zu den Grundnahrungsmitteln. Dabei stand im Bodenseeraum der Felchen an erster Stelle, gefolgt von Forelle, Seesaibling, Egli und Hecht. Auch Weissfische wie Karpfen oder Schwalen wurden gegessen und an den Flüssen natürlich der Lachs, der vor der Verbauung der Fliessgewässer im 19. Jahrhundert noch in grossen Mengen gefangen wurde.

Eine wesentliche Änderung des Fischkonsums ergab sich mit der Aufhebung der Fastengebote durch die Reformation. Als Folge davon kam es in den reformierten Orten zu einem starken Rückgang des Fischkonsums und zu einer Krise der Fischmärkte. Die Klöster und die katholischen Orte blieben aber den auch an Fasttagen erlaubten Fischen treu. Sie verhinderten dadurch ein vollständiges Zusammenbrechen des Markts für Fische.[90]
Dominik Flammer

ortis in tso cem mittat benedictio voce.

KL December

		KL	December h̄t dies. xxxi. luna v̄o. xxix.	
			eptuus eragus: uuosus deuus z agnus.	
xix	f		ecember. Sc̄or Crisanti z darie. ōi. ō.	
ui	g	iiii		
	A	iii		
x	b	ii	Sc̄e Barbare. vḡi z m̄i. xii. l.	
	c	Nō		
xviii	d	viii	iđ Sc̄i Nicholai epi z cōf. ĩu cap.	
vii	e	vii	iđ Ordinatio S. Ambrosij. viii. l. z m̄i. de S. Andrea.	
	f	vi	iđ Conceptio sc̄e marie vḡis cū pc̄.	
xv	g	v	iđ	
iiii	A	iiii	iđ	
	b	iii	iđ	
xii	c	ii	iđ	
i	d	Idus.	Sc̄e Lucie virḡ. xii. l.	
	e	xix	kl̄ Ianuarij.	
ix	f	xviii	kl̄	
	g	xvii	kl̄ O sapiencia.	
xvii	A	xvi	kl̄	
vi	b	xv.	kl̄	
	c	xiiii	kl̄	
xiiii	d	xiii	kl̄	
iii	e	xii	kl̄ Sc̄i Thome apl̄i. ĩu cap.	
	f	xi	kl̄	
xi	g	x.	kl̄	
	A	ix	kl̄	
xix	b	viii	kl̄ Natiuitas d̄ni n̄ri ihū xp̄i. S. Anastasie vḡi. ō.	
viii	c	vii	kl̄ Sc̄i Stephani pthom̄. ĩu cap.	
	d	vi	kl̄ Sc̄i Iohis apl̄i z euāg. cū pc̄.	
xvi	e	v	kl̄ Sc̄or Innocencuū. ĩu cap.	
v	f	iiii	kl̄ Sc̄i Thome archiep̄i ĩu cap. S. Urbani epi. ō.	
	g	iii	kl̄ Sc̄i Egwini epi z cōf. ō.	
xiii	A	ii	kl̄ Sc̄i Siluestri pp̄. ĩu albʼ.	

Decembʼ. d. m. di. xxxa. capit med. si no fuit incid
it renū octozī z capitʾ infusionʾ rosas imponẽs a cauẏ
sangwine minue ñ est bonū minimo estū v. minimo sup...
...in mayo vene sup habundant sangwine. Ita in dec...
sangwis incidit venu bile pacī ñ accipias cōpʾ euʾ...
Eb vm anīs sunt lij / st dies CCC horū...

St. Gallen, Stiftsbibliothek
Cod. Sang. 26, S. 12
Pergament, 118 Seiten
20.5–21 × 13.5–14 cm
Abtei Malmesbury,
301–1330
Nachträge Kloster
St. Gallen, 15. Jahrhundert

Der Monat Dezember im Kalendar des Psalters aus Malmesbury. Am unteren Rand hat eine Hand des 15. Jahrhunderts Ratschläge zu Aderlass und Ernährung ergänzt. Ganz rechts unten stehen die Namen der beiden Fische, die im Dezember gegessen werden sollen: *güellvisch* (Quappe) und *alant* (Aland).

In welchem Monat isst man welchen Fisch?

In einem Psalter aus England würde man wohl nicht unbedingt Bodenseefische erwarten. Und doch findet man in dieser Handschrift, die zu Beginn des 14. Jahrhunderts in der Abtei Malmesbury in Südwestengland geschrieben wurde,[91] Namen von Fischen des Bodensees. Allerdings stehen sie nicht im Haupttext des Psalters, sondern wurden nachgetragen, nachdem die Handschrift nach St. Gallen gelangt war.

Der gezeigte Psalter ist ein Kurzpsalterium, das heisst, von jedem Psalmvers sind nur die ersten Worte angegeben. Jeder Psalm beginnt mit einer Fleuronné-Initiale in Rot oder Blau. Einige Initialen sind zusätzlich mit Gold verziert und auf manchen Seiten finden sich Drôlerien, seltsame Mischwesen mit Drachenkörper und Menschenkopf.

Dem lateinischen Psalter ist ein Kalendar mit den Heiligenfesten jedes Monats vorangestellt (S. 1–12). Am unteren Rand hat eine Hand des 15. Jahrhunderts in deutscher Sprache medizinische und diätetische Ratschläge für den jeweiligen Monat ergänzt, überwiegend den Aderlass betreffend. Zusätzlich stehen am Ende eines jeden Nachtrags nach einem *Nota*-Zeichen zwei oder drei Fische, die im betreffenden Monat gegessen werden sollen.

Derartige Fischkalender findet man in mehreren St. Galler Handschriften des 15. Jahrhunderts, etwa in zwei geistlichen Sammelhandschriften, Cod. Sang. 1050 (S. 74–75; um 1416) und Cod. Sang. 321 (S. 98; 15. Jahrhundert).[92] Bis auf orthografische Unterschiede stimmen die Fischnamen in den drei Codices überein. Etwas ausführlichere Ratschläge, welche Fische am besten wann gegessen werden können, findet man in zwei Handschriften des St. Galler Mönchs Gallus Kemli († 1481), Cod. Sang. 919 und Zürich, Zentralbibliothek, Ms. C 150. Kemli hat sie allerdings nicht nach Monaten, sondern nach Fischen geordnet.

Im Psalter sind die Namen der Fische im Januar, April und Mai ausradiert worden und daher nicht mehr lesbar. Die übrigen Fischpaare lauten übersetzt wie folgt:[93]

Februar: Quappe, Rotfeder; März: Wels, Groppe; Juni: Karpfen, Brachse, Schleie; Juli: Äsche, Hasel; August: Bodenseefelchen, Seeforelle; September: Huchen, Egli; Oktober: Lachs, Aal; November: Rheinquappe, Gangfisch; Dezember: Quappe, Aland.

Diese Liste von grösstenteils im Bodensee lebenden Fischen ist ein Hinweis darauf, dass das Kloster St. Gallen seinen Fischbedarf im Spätmittelalter teilweise aus dem nahen See deckte. Vollständig war das aber nicht möglich, weil ein grosser Teil der Fischereirechte im Bodensee nicht in den Händen des Abts von St. Gallen, sondern der Städte Konstanz und Lindau sowie des Bischofs von Konstanz lag.[94] Ergänzend wurden daher ab dem 14. Jahrhundert im Umkreis des Klosters zahlreiche Fischweiher angelegt.[95]

Franziska Schnoor

5
Gemüse

Summe dator Fabas benedic quas ipse creabas. (BaM 165)
«Höchster Gott, in diesen Bohnen soll dein Schöpfersegen wohnen.»

Lactucis horti benedictio sit cruce forti. (BaM 217)
«Lattich, frisch gepflückt im Garten, soll nicht auf den Segen warten.»

Vegetarische Diätformen sind in der Ernährungsliteratur präsent, seit der griechische Philosoph und Mathematiker Pythagoras von Samos (um 570 – um 495 v. Chr.) sich in seinen Schriften für den Vegetarismus stark machte. Der Pythagoreismus lehnte auch die religiöse Praxis der Tieropfer ab.

Für die Mehrheit der mitteleuropäischen Bevölkerung blieb allerdings der Verzicht auf Tiernahrung bis weit in die Neuzeit eine unrealistische Ernährungsform, da die überwiegend körperlich arbeitenden Menschen einen weit höheren Kalorienbedarf hatten als wir heute. Ohne das Eiweiss und das Fett des Fleischs und der tierischen Produkte der Milchwirtschaft, die sie mit den Kohlenhydraten der Getreidespeisen kombinierten, hätten sie nicht leben können. Dementsprechend war Gemüse meist nur ein Nahrungsergänzungsmittel, das in Mus- und Breispeisen und Suppen mit verkocht wurde.

Trotz der beschränkten Bedeutung wurde überall Gemüse angebaut, darunter Rot- und Weisskohl, Räben, Randen, Rüben, Zwiebeln, Kresse und Lattich in Mischkultur, regional begrenzt auch Rettich. Wegen der schlechten Haltbarkeit war der Handel weitgehend auf die Samen beschränkt.

Eine wichtige Eiweissquelle für die mittelalterliche Ernährung waren Hülsenfrüchte. Aus den Güterrodeln der Klöster Engelberg und Einsiedeln geht hervor, dass diese von ihren Untertanen bis zum Ende des Mittelalters sogenannte «Erbsen-Zehnten» verlangten. Die Abgabe betraf Hülsenfrüchte wie Erbsen, Linsen, Wicken und Ackerbohnen. Diese Hülsenfrüchte wurden oft in Mischkulturen mit Weichgetreide wie Gerste oder Hafer angebaut. Einsiedeln kannte noch eine weitere Abgabe, den *Fastmues*-Zehnten. Dieser bestand aus Ackerbohnen und Gerste.

Als Erbsen kannte man zu jener Zeit ausschliesslich die grauen Erbsen, auch Schalerbsen genannt, die man vorwiegend trocknete und im Winter als Mus- und Suppenerbsen in den Töpfern mit allen anderen Zutaten verkochte. Zur Familie der Schalerbsen gehören auch die in sogenannten «Musgärten» angebauten rotschaligen Kapuzinererbsen. Die zarten grünen Erbsen unserer Zeit fanden frühestens ab dem 18. Jahrhundert ihren Weg in die Schweiz, genauso wie die Kefen.

Dass Lattich *(lactuca)* roh als Salat zubereitet wird, berichtet der römische Agronom Lucius Iunius Moderatus Columella im ersten Jahrhundert nach Christus. *Lactuca* findet sich auch auf dem St. Galler Klosterplan von 825. In mittelalterlichen Rezepten finden sich Endivie, Portulak, Bibernell, Sauerampfer, Hopfen oder Rüben als Zutaten. In den Ostschweizer Bauerngärten waren um 1500 neben Kohl und Rüben allenfalls einige Küchenkräuter und vor allem die unentbehrlichen Zwiebeln und Knoblauch zu finden.[95]
Dominik Flammer

Summe dator fabas benedic qs ipse creabas.

Lactucis horti benedictio sit crucefora:

also was er in sant gallen closter sich diemüt-
zu dem süßem joch des lebens nach der re-
vnd als in allen wolgevällig ves sin wandlu-
vnd es die brüder in der gemain rieten do wo-
im von dem apt sant magnus kilch enpf-
ouch vnd als er die bewärlich vnz nach der ma-
tung siner swöster vorwesen hatt. So wieng
er do der vätlichen fürdrung weren in das la-

Aber die erwirdige magt nach der leb-
der bekerung ires brüders do went sy dar-
gespihelen weri es wer den sach daz sy doch me-
den fürsatz vnd vest zwäyen von vren hüßg-
die ir vor den andren mit trüwn die gehaimste-
warn vnd entblöste in iren willen. Daz sy
nit me als vol sich wölt bruchen zarter oder
wollustiger spiß vnd vnd mit hazey wolt
vf pflumey vedean. vnd dennocht so sölt
sy die ding mit minnem kostlich anrichten
als ob sy sy wölt selb bruchen. wilhe waru-
villeklich dienen den botten ir frown vnd
satzten vff den tisch krut mit flaisch ob-
sy tet verzerken das flaisch zü den mün-
ind betrog also den münd vnd das volk die
da wenten dz sy flaisch ese. won sy warff
es haimlich von ir vff daz sy durch den a-
bruch des flaisches den tag desterstarker
mächte vnd über ain klain wil. als von vr-
drutzes wegen der satung do gab sy es armen
meslen oder denen die by ir stunden. ze glich-

St. Gallen, Stiftsbibliothek
Cod. Sang. 586, S. 250
Papier, 500 Seiten
22 × 15,5 cm
St. Gallen, 1430/1436

[…] *daz sy nit me […] sich wölt brüchen zarter oder wollustiger spiß […] dennocht so sölten sy die ding nit minner kustlich anrichten, alz ob sy sy wolt selb bruchen. Wilhe […] sazten uff den tisch krut mit flaisch. Aber sy tett underwilen daz flaisch zuo dem mund und betrog also den mund und daz volk, die da wenton, daz sy flaisch eße. Won sy warff ez haimlich von ir, uff daz sy durch den abbruch des flaisches den gaist deste […] sterker mächte. Und […] alz von v[e]rdrutzes wegen der sättung, do gab sy es armen menschen oder denen, die by ir stuonden.*

«[…] dass sie [Wiborada] keine Delikatessen mehr schlemmen wolle. Trotzdem sollten sie die Sachen nicht weniger köstlich anrichten als, wenn sie sie selbst geniessen würde. Diese stellten Kraut mit Fleisch auf den Tisch. Aber sie führte manchmal das Fleisch zum Mund und betrog so den Mund und das Publikum, die glaubten, dass sie Fleisch esse. Denn sie warf es heimlich weg, damit sie durch den Fleischverzicht den Geist stärke. Und wie aus sattem Überdruss gab sie es armen Menschen oder solchen, die neben ihr standen.»

(Ab Zeile 14, Übersetzung Ursula Kundert)

Heilig dank Gemüse

Pflanzenkost im Zusammenhang mit Heiligen ist eine Besonderheit der Legenden, auch derjenigen der St. Galler Heiligen Wiborada. Biblisches Vorbild dafür ist der Judäer und spätere politische Prophet Daniel, der als Zögling am persischen Hof nicht an der königlichen Mahlgemeinschaft teilhaben will, sondern nur «keimfähige Rohkost» isst und Wasser trinkt (Dan 1,8–16). Aus Angst um seinen eigenen Kopf lässt der für die Zöglinge zuständige Hofbeamte die königliche Speise dennoch auftragen und ersetzt sie eigenhändig.[97] Auf Griechisch wird Daniels Nahrung als ὄσπρια übersetzt («Hülsenfrüchte» oder «Bohnen»), auf Latein entsprechend als *legumina* («Hülsenfrüchte» oder «Gemüse»).

Auch die ältere Wiborada-Vita[98] aus dem 10. Jahrhundert erzählt, dass Wiborada keinen Wein trinke und kein Fleisch esse, aber ihre Umgebung denke, «dass sie jeden Tag eine Auswahl teurer Köstlichkeiten geniesst». Ein Schwesternpaar, Kebini und Pertherada, habe zwar nach ihrer Anweisung viele «feinere und köstlichere Speisen» zubereitet, für sie aber «entweder Kohl oder Hülsenfrüchte unter den Speisen serviert». Die beiden Frauen übernehmen also gemeinsam die Rolle des Hofbeamten. Wie beim persischen Grosskönig werden die Speisen verteilt, hier an Arme, Pilger und Hausgenossen. Der Grund für die Verweigerung der Mahlgemeinschaft und für die Heimlichtuerei ist jedoch entfallen, denn Wiborada ist selbst die Hausherrin.[99] Wiboradas pflanzliche Ernährung wird neu asketisch begründet: Dadurch, dass sie das Fleisch, das sich offenbar auch in den Speisen befindet, nur an den Mund führt, bezwinge «sie das Fleisch ihres Körpers».[100]

Beim Wiedererzählen wird die Legende einfacher, aber auch rätselhafter: In der zweiten Fassung der Wiborada-Vita von 1072/1076 servieren ihre hier namenlosen Dienerinnen zu den «Delikatessen» auch «Kohl oder Hülsenfrüchte mit Fleisch»: *olera sive legumina una cum carne* (ausgestellter Cod. Sang. 560, S. 413). Die Täuschung ihres eigenen Mundes und des Publikums über Wiboradas Fleischkonsum wird besonders hervorgehoben, und diese teilt den Armen und Umstehenden das Essen selbst aus.[101] In der deutschen Fassung aus dem 15. Jahrhundert wird das Servierte schliesslich als ein einziges, bäuerliches[102] Gericht interpretiert: *krut mit flaisch* («(Sauer-)Kraut mit Fleisch», Cod. Sang. 586, S. 250, hier abgebildet).[103] Eine einprägsame Episode aus dem Leben einer Heiligen ist entstanden.
Ursula Kundert

Salat ist zum Lachen

Der Parzival-Roman Wolframs von Eschenbach ist ein richtiger Ess-Roman. Die massgebliche Überlieferung dieses Höhepunkts mittelhochdeutscher Erzählkunst bietet die berühmte, um 1260 geschriebene St. Galler Epenhandschrift (Cod. Sang. 857, S. 5a–288a).[104] Sie wurde 2009 als Weltdokumentenerbe ausgezeichnet. Salat ist in diesem Roman ein Mittel zur charakterlichen Verfeinerung und Bewährung der beiden Protagonisten Parzival und Gawan.

Parzival muss Rohkost essen, weil er lernen soll, sich in andere Menschen einzufühlen. Der Einsiedler Trevrizent erklärt ihm, dass er mit einer Mitleids-Frage seinem Onkel Anfortas hätte Linderung verschaffen können (S. 138b–139a).[105] Daraufhin lässt Trevrizent Parzival bei Wurzeln und Wasser darüber und über die Vergewaltigung von Jeschute nachdenken. Als Besonderheit der Ernährung wird nicht hervorgehoben, dass er kein Fleisch isst, sondern dass das Essen ungekocht ist (S. 139a, Z. 13).[106] Parzivals Pferd Iwin soll mit ihm fasten. Diese Entfernung von der gesitteten Menschheit verdeutlicht die parallele, gerichtlich verfügte Strafe des anderen Vergewaltigers, Urjans, der vier Wochen lang mit der Hundemeute essen muss (S. 151a).[107] Parzivals Reintegration in die Gesellschaft geschieht in zwei Schritten: zuerst bei einem Picknick von König Artus und danach, an Tischen und mit Speisen, die der Gral spendet, bei der Feier als Gralskönig.

Gawan ist im Gegensatz zu Parzival ein bereits arrivierter Artusritter mit viel Lebensart. Im zehnten Buch lädt ein Fährmann Gawan zu sich ein: Wolfram erzählt die Bewirtung nach denselben Motiven eines formvollendeten höfischen Gastmahls wie bei der Beschreibung des Grals, aber mit karger Ausstattung. Gawan erbittet erfolgreich die Tischgesellschaft der schamhaft errötenden Tochter Bene, ein Sohn des Hauses bringt danach einen Salat aus «Portulak und Lattich an Weinessig» herein: *Purzeln und latun, gebrochen in den vinaeger* (S. 157b).[108] Der unmittelbar anschliessende Erzähl-Kommentar beginnt anspruchsvoll sozialkritisch und endet mit einer etwas flachen Tugendlehre: Diese Art von Ernährung mache auf die Länge blass, und diese Blässe verrate die Armut. Aber eine kräftige Gesichtsfarbe sei noch keine Tugend, sondern weibliche Treue sei der schönste Glanz. Und hätte Gawan es vermocht, den guten Willen zu essen, wäre er satt geworden (S. 156b–157b).[109]

Anders als Parzival, der sich an vom Gral reich beladenen Tischen aus Elfenbein und Edelstein verstockt verhält oder beim Einsiedler fast dasselbe isst wie sein Pferd, geniesst Gawan auch an der ärmlichen Tafel wie ein Kavalier und freigiebiger Höfling. Beide Figuren stehen beim Salat-Essen in sozialer Distanz zu ihrer Umgebung. Damit schafft Wolfram einen komischen Effekt und verknüpft[110] die beiden Erzählstränge: Salat ist zum Lachen.

Ursula Kundert

St. Gallen, Stiftsbibliothek
Cod. Sang. 857, S. 139
Pergament, 636 Seiten
31.5 × 21.5 cm
Südtirol, um 1290

[…] *kumber […] daz er niht zuo dem wirte [Anfortas] sprach: «Herre, wi stet iwer not?», […] Der wirt [Trevrizent] sprach: «Gen wir nach der nar. […] Min kuche riuchet selten. Des muostu […] enkelten. […]». […] Parcifal des fuoters pflach. Der wirt gruop im w[ü]rcelin. Daz muose ir beste spise sin.*

«[…] Sorge, dass er den Gastgeber [Anfortas] nicht gefragt hatte: ‹Herr, woran leiden Sie?›. […] Der Gastgeber [Trevrizent] sprach: ‹Lass uns Nahrung sammeln! […] Meine Küche raucht selten. Das musst du aushalten›. […] Parzival besorgte Futter [für das Pferd], der Gastgeber grub kleine Wurzeln aus. Das musste ihnen als Speise genügen.»
(Linke Spalte ab Zeile 1, Übersetzung Ursula Kundert)

sit er den rehten kvmber sach.
daz er niht zv dem wirte sp̄ch.
herre wi stet iwer not.
sit im sin tvmpheit daz gebot.
daz er al da niht vragte.
grozer sælde in do betragte.
Si bede waren mit hercen chlage.
do nahtez dem mittem tage.
der wirt sp̄ch. ge wir nach der nar.
din ors ist vnberaten gar.
ich mach vns selben niht gespisen.
es enwelle vns got bewisen.
min kvche richet selten.
des mūstv hivte enkelten.
vn al di wile dv bi mir bist.
ich solde dich hivte leren list.
an den wrcen liezze vns der sne.
got gebe daz der schiere zerge.
nv brechen di wile ȷwin graz.
ich wæne din ors diche gaz.
ze Mvnsælvæsche. baz denne hie.
dv noch ez zewirte nie.
chomet. der iwer gerner pflæge.
ob ez hie bereitez læge.
si giengen vz vmb ir beiach.
Parcifal des fvters pflach.
der wirt grv̄b im wrcelin.
daz mūse ir beste spise sin.
der wirt siner orden niht vergaz.
swi vil er grv̄p decheine er az.
der wrce vor der none.
an di stvden schone.
hiench ers vn svchte mere.
dvrch di gotes ere.
manegen tach vngaz er giench.
so er vermiste da sin spise hiench.
Die zwene gesellen niht veidroz.
si giengen da der brvnne floz.
si wschen wrce vn ir krvt.
ir mvnt wart selten lachens lvt.
ȷweder sine hende.
twch. an einem gebende.
trvch Parcifal ȷwin lŏp.
fvrs ors vf ir ram schŏp.
giengen si wider zv den ir choln.
man dorfte in niht mer spise holn.
da newas gesoten noch gebraten.
vn ir chvchen vnbeiaten.
Parcifal mit sinne.
dvrch di getriwe minne.
di er gein sinem wirte trvch.
in dvhte er hete daz genvch.
denne do sin pflach brittemanz.
vn do so maneger frŏwen varwe glanz.

ze Mvnsælwesche fvr in giench.
da er wirtschaft von e grale enpfiench.
der wirt mit triwen wise.
sp̄ch. neve disiv spise.
sol dir niht versmahen.
dv nesvndest in allen gahen.
deheinen wirt der dir gvnde baz.
gvter wirtschaft ane haz.
Parcifal sprach herre.
der gotes grvz mir verre.
ob mich ie baz gezæme.
swes ich von wirte næme.
Swaz da was spise fvr getragen.
beliben si danach vngetwagen.
daz enschadet in an den ögen niht.
als man fischigen handen giht.
ich wil fvr mich geherzen.
man mohte mit mir beizzen.
wære ich fvr vedershil rechant.
ich swnge al gernde von der hant.
bi selhen kröpfelinen.
tæte ich fliegen schinen.
wes spotte ich der getriwen diet.
min alt vnfvge mir daz riet.
ir hat doch wol gehoret.
waz in richeit hat gestoret.
warvmbe si waren freyden arm.
diche chalt vnt selten warm.
si dolten hercen riwe.
niht wan dvrch rehte triwe.
an alle missewende.
von der hohsten hende.
enpfiengens vmb ir chvmber solt.
got was vnd was in beden holt.
si stvnden vf. vn giengen dan.
Parcifal vnt der gvte man.
zem orse gein dem stalle.
mit chrancher freyden schalle.
der wirt zem orse sprach. mir ist leit.
din hvngerbæriv arbeit.
dvrch den satel der vf dir liget.
der Anfortas wapen pfliget.
Do si daz ors begiengen.
niwe chlage si an geviengen.
Parcifal zem wirte sin.
sp̄ch. herre vn lieber ŏheim min.
getorst ichz iv vor scham gesagn.
min vngelvke ich solde chlagn.
daz verchieset dvrch iwer selbs zvht.
min triwe hat doch gein iv flvht.
ich han so sere missetan.
welt ir michs engelten lan.
so scheide ich von dem troste.
vnt bin der vnerloste.

Käse

Hunc caseum dextra signet deus intus et extra. (BaM 138)
«Den Käse Gottes Rechte segne, innen, aussen, alles eben.»

Optime sumetur caseus si melle ...detur. (BaM 142)
«Mit Honig angereichert, schmeckt der Käse ausgezeichnet.»

Die Quellen über die Käseherstellung in der Schweiz im Mittelalter sind rar. Die Mehrheit der breiten Bevölkerung dürfte überwiegend Sauermilchkäse gegessen haben, also jene einfach herzustellenden Käse aus mit Säure geronnener Milch, wie sie ohne grosse Kenntnisse über die Käseherstellung auf jedem Hof mit Milchvieh gefertigt werden konnten.

Im Jahr 1140 taucht Käse in den in einer Abschrift des 15. Jahrhunderts überlieferten *Acta Murensia* als Zehntabgabe aus der Schwyzer Gemeinde Gersau auf. Häufig zitierte Quellen betreffen auch die Klöster Säckingen und St. Gallen. So mussten im 13. Jahrhundert die Glarner jährlich 30 Rinder, 160 Schafe und über 1000 Käse und Käslein an das Kloster Säckingen liefern, und die Abgabe von Käse ans Kloster St. Gallen aus dem Land Appenzell belief sich im Spätmittelalter auf bis zu 5000 Käse jährlich.

Heute wird vermutet, dass die Käsereitechnik aus römischer Zeit nur in einigen Klöstern überlebt hat, vor allem in der französischen Schweiz und insbesondere in der Grafschaft Greyerz. In grossen Teilen der Deutschschweiz erlernten die Milchbauern wohl erst gegen Ende des Mittelalters vorab von Hirten aus dem Raum Bergamo die Zubereitung von sogenannten süssen Käsen, die mit Hilfe von tierischem Lab gefertigt wurden. Lab wurde aus den getrockneten Mägen von Kälbern gewonnen. Die Bergamasker Hirten verbreiteten dabei ihr Wissen über die Herstellung eines der italienischen Urkäse, des Formaggio di Piacenza. Dieser Hartkäse wurde mehrfach mit Leinöl geschmiert, wodurch er eine schwarze Rinde entwickelte.

Im Gegensatz zu diesen Käsen aus Vollmilch bestand der im Mittelalter noch in grossen Teilen der Deutschschweiz hergestellte Ziger aus magerer Milch. Für den charakteristischen Geschmack des Kräuterzigers wurde eine aus dem Orient stammende Steinkleeart verwendet. Es wird angenommen, dass sie in der Zeit der Kreuzritter durch Vermittlung der Klöster Gries und Bad Säckingen schliesslich auch nach Glarus gelangte und dort zu *Zigerklee* umbenannt wurde.

Die Zigerproduktion liess sich gut mit derjenigen von Butter kombinieren. Denn die Käser schöpften dabei den Rahm von der Milch ab und verarbeiteten ihn zu gesottener oder eingesalzener Butter. Diese war im Mittelalter das wichtigste Speisefett und beleuchtete etwa in Graubünden auch die Kirchen als Brennstoff. Für manche Bauern war Butter eine der Haupteinnahmequellen.[III]
Dominik Flammer

Hunc caseum dextra signet dš intus & extra

6 Käse

Ass Karl der Grosse Brie, Roquefort oder Gorgonzola?

Der gelehrte St. Galler Mönch Notker Balbulus († 912) verfasste neben vielen anderen Dichtungen und Prosawerken die *Gesta Karoli Magni*, die «Taten Karls des Grossen».[112] Diese Anekdotensammlung diente der Belehrung, Erbauung und Unterhaltung. Sie führte den Zeitgenossen Notkers gute und schlechte Verhaltensweisen kirchlicher Würdenträger und weltlicher Herrscher in den damaligen politischen Verhältnissen vor. Das Werk war zweifelsohne für Kaiser Karl III. (881–888, König seit 876) bestimmt. Es wurde dreiteilig angelegt, ist aber wohl unvollendet geblieben.[113]

Die *Gesta Karoli Magni* sind nach bisherigem Forschungsstand erstmals in einer Handschrift vom Ende des 11. Jahrhunderts überliefert und in 28 Handschriften, einschliesslich zweier Exzerpte, zu finden.[114] Hinzu kommt ein bisher unbekanntes Fragment (Cod. Sang. 2144), das aus der zweiten Hälfte des 11. Jahrhunderts oder dem 12. Jahrhundert stammt und 2020 von der Stiftsbibliothek erworben wurde. Das Pergamentblatt überliefert auf seiner lesbaren Vorderseite aus dem ersten Buch den grösseren Teil von Kapitel 14 bis zum Anfang von Kapitel 16.[115]

Das vollständig erhaltene Kapitel 15 schildert, wie ein ungenannter Bischof an einem unbekannten Ort Kaiser Karl dem Grossen (800–814, König seit 768), der sich auf der Durchreise befand, einen «vortrefflichen, von Fett weissgrauen Käse vorsetzen» liess *(optimum [...] caseum et ex pinguedine canum)*. Danach, so fährt die Erzählung fort, nahm Karl sein Messer, «warf den Schimmel, der ihn abscheulich dünkte, weg und wollte nur das Weisse des Käses geniessen» *(abhominabili ut sibi videbatur erugine proiecta albore casei vescebatur)*. Da der Bischof einwendete, dass das, was er wegwerfen wollte, das Beste am Käse sei, schob Karl schliesslich «ein Stück von diesem schimmligen Käsebestandteil in seinen Mund *(eruginis illius partem in os proiecit)*, kaute es langsam und schluckte es wie ein Stück Butter.» Karl mochte den Käse so sehr, dass er dem Bischof befahl, ihm davon jährlich zwei Wagenladungen nach Aachen zu liefern, die Käse vorher aber zu halbieren und zu prüfen.[116]

Es ist unklar, ob sich der vielleicht grünliche Schimmel auf eine äussere Rinde oder Schimmelschicht oder auf grau- bis blaugrüne Schimmeladern im weissen Käse bezieht.[117] Trotz oder wegen dieser Unbestimmtheit diente die Anekdote aus St. Gallen als Herkunftsmythos für drei der heute bekanntesten Käsesorten: den Brie, einen Weichkäse mit weissem Edelschimmel aus der gleichnamigen Region, den Roquefort, einen grünblau marmorierten Blauschimmelkäse aus der Region Rouergue, und den Gorgonzola, einen weiteren, norditalienischen Blauschimmelkäse.[118] Notker aber ging es letztlich nicht um den Käse, sondern darum, die Frömmigkeit, Demut und Grosszügigkeit des christlichen Königs und die Folgsamkeit des Bischofs hervorzuheben.[119]

Philipp Lenz

St. Gallen, Stiftsbibliothek
Cod. Sang. 2144
Pergament, 1 Blatt
29.5 × 18–19 cm
1050/1200

[...] optimum illi caseum et ex pinguedine canum iussit apponi. Moderatissimus autem Karolus ubique et in omnibus institutus, verecundię presulis parcens nihil aliud requisivit, sed assumpto cultello, abhominabili ut sibi videbatur erugine proiecta, albore casei vescebatur.

«[...] liess er [der Bischof] ihm [Kaiser Karl dem Grossen] vortrefflichen, von Fett weissgrauen Käse vorsetzen. Karl, der immer und überall höchst mässig war und dem Bischof eine Beschämung ersparen wollte, verlangte nichts anderes, sondern nahm sein Messer, warf den Schimmel, der ihm abscheulich dünkte, weg und wollte nur das Weisse des Käses geniessen.»
(Linke Spalte ab Zeile 32, Übersetzung Rau/Lenz)

...a tempore insperato veniret
...tuc epc ille conturbari more
...undantius huc illucq; discurrens
non solu basilicas ut domos s; et
...ipsas q; plateas uerri faciens
purgari ualde lassius q; indig-
...tus obuia uti potuit. Quod cum
...issimus aduerteret, k. oculos in
...uersa iacentes e singula queq; p-
...ans diuat ad antistite. Semp
...spes q tu me bene adm intro
...ntes facis emundari. Ille qui
...tur allo cut coquiescens et vi-
...utu dextera coplexus deosc-
...as indignatione quantu potuit
...uitata respondit. Iustu est
...ut quicuq; uos ueneritis oa
...urgentur usq; ad fundutum
...te sapientissimus regu de alus
...a intelligens diuit ad eu. sic-
...acua et noua ut replere dedi-
...te adiecit. Habeas fiscu illum
...scop uiu uuo p[ri]mu et succes-
...res tu usq; in octm. In cade aq;
...fectione inopinato uen adque
...am epm in loco memtabili ciuita-
...em. Cumq; ipso die carnes q[ue] pe-
...aut noluit eu comedere noluit.
...cet ouis pontifex ille uix-
...cuit ire loci ultris cu repente vis-
...ueniure negisset. obtinu illi ca-
...ui et expinguedine canu uti ut ad-
...orer. Moderatissim aut k. ubiq;
...rib; institutus ueretindie psid-
...centis nihil aliud recisiuit sf; ass[um]-
...o cultello ab hominibus ate eradens
...ur origine picta. albore casei nesc...
...epo aut q more famulou attah...
...accedens diuat cur ita facis du[n]e
...egetor? Illa qd pictis illud opt[im]u
...se. Tuc ille qui fallere nescit e mi...

...domestici. Erubuit uti[u]s par[t]e t[ant]i epi
...eret et sensim masticans in modu bu...
...va desitituuit et ep[iscopu]s esu probans d[i]u[it]
Veru iuoge hospes diuit. Addeh[er]at i[n]loc...
...unius ciuitas carta lis tali ibi caseis pleni
ad agos q[ue]m in dirigere ne sp[er]im[entu]...
...ad eu imp[ro]bibiliate rei consternat[us]
...epo qssi imperuulo stat. et punitet m...
...ciliatur ei suggessit. Une easeos defer-
re possut s; nescio q et uncide sunt q uero
alu ume. reph[en]sibilis, ueniunt
ap[ud] nos. Tu[n]c que uilit[a]ez at[t]q; ig-
...ta neq[ue] fugere t latere poturse-
...eax epo in talib enutrito et adhuc
earud rer[u] nescio. Inciede ons pine-
di ex q[ui]s tales p[er]pe curis ac amato
ligno eruuge et icipe meos diuge u-
alios aut, et cedero famule tue reser-
ua. Qd du p[er] duos annos factu h[oc] esse-
et rex talia munera destinatu...
ap[e] uberet. Tercio anno u[ero] ue...
et ipse ipsu tanto labore et a longe
adducta repletare caenere. Tu[n]c ext-
tim lt curri et labor[ib]; ei corpatib[us] fal-
cit ade[o] de episcopatu opt[im]u certio r[ed]-
fimentu et uium ad suas et suor[um] ne[cess]-
itates ipse et successores ei h[abu]-
...officio. Qua redd[it]...
eristian k. humiles exalte itur[?]...
...etia q[ui] super humilia t[e]rra ha[n]t q[uan]t
ese uigesse. et tamu reru[m] ualde cur...
...sa sagicissim k. dep[ro]hendens po[ne]m eiu[m]
indeo mercatori qui ita reput[n]i eius so...
adire et inde ad cu[m]... urbs nunciat...
...spectosa et incognita solebat afferre u[t]
eude ep[iscop]o q[ui]libet ui[ri] decip[er]e nis[i ta[n]t]
...r[u]; st ti eprehender[en] uterunt domes-
tici diuersis aromaticis editur t p[ar]u[i]
ep[iscop]o uenale appor[t]auit ei eius se det[u]lit
illud peciosissimu et ar[te] n[on] uis[a] au[r]um[?]
adtulisse. Ille adire tata gl[a]dio repleus[us]...

Scs.. Scs. Scs.

Dr̄ qui es inuisibilis salua
tor mundi. dr̄ omnium
reru creaturarum cō[n]
ditor. dr̄ spiritualiū re[ge]
nerator. scrutans corda
& renes dr̄. deprecam te &
audi uerba deprecatio[nis]
mee. ut qui humane fi[c]
tum comisit que querit
panes & caseum. ista ue[l p]
gula. & lingua uel fau[
ces non possit transir[e
sed sint constricti & ol[
ligati p[er] uerbum uirtu[tis]
tuae. p[er] d[omi]n[u]m quies in

St. Gallen, Stiftsbibliothek
Cod. Sang. 682, S. 247
Pergament, 411 Seiten
17 × 10.5 cm
825/850

[...] deprecamus te, exaudi verba deprecationis meae, [...], qui humane furtum commisit, quem querimus, panes et caseum istae per gula et lingua vel fauces non possit transire, sed sint constricti et obligati per verbum virtutis tuae.

«Wir bitten dich, erhöre die Worte meiner Anrufung, dass derjenige, der den Diebstahl begangen hat und den wir suchen, das Brot und den Käse nicht hinunterschlucken kann, sondern dass dessen Kehle, Zunge und Rachen durch das Wort deiner Kraft verschlossen bleiben.»
(ab Zeile 7)

Brot und Käse als Beweismittel

Besonders im Früh- und Hochmittelalter waren neben Zeugen, Urkunden und Reinigungseiden auch Gottesurteile als Beweismittel in Gerichtsprozessen verbreitet. Ein Gottesurteil oder Ordal «ist ein Mittel sakraler Rechtsfindung und beruht auf der Vorstellung, dass Gott als Hüter des Rechts in Fällen der Unergründbarkeit einer Rechtslage durch ein Zeichen Hinweis auf Schuld oder Unschuld gibt.»[120]

Die Ordalien konnten formal vom gerichtlichen Zweikampf über das Wasserurteil (auf das Ekkehart IV. anspielt)[121] bis zur Schluckprobe und zur Probe mit glühendem Eisen reichen. Bei dieser musste der Proband mit blossen Händen ein glühendes Eisen tragen. Falls die Verbrennungen schnell und gut verheilten, wertete man dies als Zeichen seiner Unschuld. Den Gottesurteilen gingen gewöhnlich eine Messe, Segnungen und Beschwörungen des Ordalmittels und der Eid des Probanden voraus.[122]

Cod. Sang. 682, eine Handschrift unbekannter Herkunft aus dem zweiten Viertel des 9. Jahrhunderts, überliefert neben Konzilsbeschlüssen, einem Bussbuch und Predigten der Kirchenväter drei Formulare mit Benediktionen und Fürbitten für Gottesurteile, darunter eine Schluckprobe.[123] Dieses Gottesurteil wurde vor allem bei Verdacht auf Diebstahl angewandt. Es sieht vor, dass der Verdächtige unter Anrufung Gottes ein Stück gesegnetes Brot und Käse verschlingen muss. Falls er das Brot und den Käse nicht problemlos schlucken kann, gilt er als schuldig.[124]

Die Abschrift der Formeln in dieser Handschrift ist voller orthografischer, grammatischer und syntaktischer Fehler, so dass eine wörtliche Übersetzung manchmal schwerfällt und ein Blick auf die Parallelüberlieferungen zur Klärung nötig ist. Eine orangefarbene Überschrift (S. 246: *Benedictio panis qui [et] caseum [casei]; qui furtum facit*) kündigt die Segnung des Brots und des Käses an, die zum Auffinden des Diebes dienen sollten. Dannach bittet man Gott, dass der schuldige Dieb das Brot und den Käse nicht verschlingen könne, sondern dass seine Kehle zugeschnürt werde. Dann folgen zwei weitere Bitten mit Anrufung des dreifaltigen Gottes, die Kehle des Diebs zuzuschnüren und dadurch den Täter, Mitwisser und Anstifter des Diebstahls zu offenbaren.

Die Überschrift des Schluckordals, die fälschlicherweise sechzehn Seiten früher an einen Titel von Augustinus-Predigten angehängt wurde, präzisiert die Beschaffenheit des Brots und des Käses: Sie nennt ein Stück dunkelgraues Gerstenbrot und ein Stück im Mai produzierten Schafskäse von einem Gewicht von zwei *Solidi* oder neun Denaren (S. 231: *Omelia sancti Augustini episcopi. Pensa inter pane et caseum II sol., quot sunt VIIII denarii. Ipsae pius [panis] ordinatius [ordeacius] atquae [atque] lisus [visus], caseus birbicinus factus in madio*).[125]

Philipp Lenz

Gewürze und Pilze

Concisas erbas in acetum crux det acerbas. (BaM 218)
«Bekreuzigt mach der Essig sauer die Kräutchen hier, nicht etwa lauer.»

Sepius elixos repleat benedictio fungos. (BaM 211)
«Gott, erfüll mit deinem Segen die Pilz', die in der Pfann' gelegen.»

Gewürze und Pilze

Dass im frühmittelalterlichen Klostergarten viele Kräuter wuchsen, ist bekannt. Die wichtigsten Zeugen dafür sind der St.Galler Klosterplan, auf dem sowohl ein Kräuter- als auch ein Gemüsegarten eingezeichnet ist, die Gartenbauverordnung Karls des Grossen, bekannt als *Capitulare de villis*, und das Gartengedicht *Hortulus* des Reichenauer Abts Walahfrid Strabo. Einheimische Kräuter waren im Mittelalter die wichtigsten Gewürzzutaten und deshalb in ihrer Vielfalt willkommen.

Exotische Gewürze waren dagegen selten. Sie kamen aus dem südpazifischen Raum und erreichten Mitteleuropa über die Seidenstrasse und die Hafenstädte Venedig und Genua. Dies allerdings zu Preisen, die sich nur wenige leisten konnten. Für die Klöster waren nebst den olfaktorischen Messezutaten wie Weihrauch und Myrrhe vor allem die schärfenden Gewürze von grossem Interesse, da die Pfefferkörner oder der Ingwer über eine Würzkraft verfügen, die heimischen Pflanzen fehlt.

Bis weit in die Neuzeit gehörten exotische Gewürze zu den exklusivsten Raritäten überhaupt. Dabei hält sich hartnäckig die Legende, dass schlechtes Fleisch damit überwürzt wurde, um es geniessbar zu machen. Dass ausgerechnet jene, die sich solche teuren Gewürze leisten konnten, zu verdorbenem und minderwertigem Fleisch gegriffen haben sollen, ist allerdings abwegig.

Woher die Gewürze tatsächlich stammen und wie sie wachsen, war in Europa oft nicht bekannt. Erst mit den biologischen Grundlagenwerken der Neuzeit verbreitete sich das Wissen darüber. Dazu gehörte etwa, dass Kardamom kein Baum ist, sondern ein Strauchgewächs, oder dass Pfeffer zwar auf Bäumen wächst, allerdings nicht an Zweigen, sondern an daran hinaufrankenden Lianen.

Dass arabische Händler nicht nur mit fernöstlichen Gewürzen handelten, sondern auch mit Zutaten aus ihr eigenen Heimat, zeigt die Naturgeschichte Konrads von Megenberg (1309–1374). Dieser berichtet von Kapern *(cappar)*, von der arabischen Gewürzmischung Zatar *(zaher)* oder vom alexandrischen Kürbis, wie man die afrikanischen Flaschenkürbisse oder Kalebassen nannte.

Heute sind Pilze willkommene Kochzutaten. Dass sie in Ekkeharts *Benedictiones ad mensas* (BaM 211) auftauchen, ist jedoch aussergewöhnlich. Da sie auf Moder oder Totholz keimten, traute man ihnen im Mittelalter oft nicht über den Weg, und Isidor von Sevilla brachte sie mit den *defuncti* («Toten») in Beziehung (vgl. S. 92). Umso wertvoller sind die St.Galler Zeugnisse. Neben den *Benedictiones ad mensas*, die darauf aufmerksam machen, dass Pilze gut gekocht werden müssen, gehört dazu auch eine Anekdote Ekkeharts über Notker Balbulus, der um 900 im Kloster St.Gallen eine Morchel pflückte.[126]

Dominik Flammer

7 Gewürze und Pilze

S eqiuse lix of repleat benedictio fungof

mit ⸿ bar setz man ein ha-
fal gut der crum reban der
verdorpt si vnd das tut
ouch das tilel krutt vechalz
das meß al den habaun
verdorpt vnd das crutt
vmb das korn ⸿ Von den
wellnt wir Sagen
Die wol sicrickan dan bein
der vn dan wurtzalen
ble ter vnd hartze vnd saft
man hoche breisur wart
sat mt an tüschan landan
gegan dem mitam tag vn
gegan der sunan uffgang
vnd darumb habant si
nicht ein tüschan namen
Sie heissan si on tüschare
zungan als man si nempt
In latein odar in der spro-
ache von den wellant
wir auch sagan ⸿ ⸿
⸿ Von der rinten vnd
Aloes heist ein salb vnd
ist gar creuterin mit
crafft als plinig
Sprichst das man mache
vß dem safft des crutas
das alles sie ist vnd mache
es alß man der stosset
das crut vnd crut las d3

safft darauff vnd sut
es lang bye man
sur vnd setz es dan
an die sunan vnd be-
halt es den steyn
das obryst ist das
luter ist vnd heist
epaticum darumb
das es der leber g[u]t
ist das andar das
nach heist hitterun
ist nit so lutar als d3
erst das vnder ist
ist weiß vnd hep-
py d heist salbanum
die obaran zwey
sind an der forow
hel aber das ander
ist nit so gel als d3
obriste vnd das and
erst ist steinwortz
die alles alle sind
bitter vnd man seg
ich in mun d3
und arzem das al-
hat die art das es
zerbrech an dem
vnd ergantz ar we
man es vßwendig
dar obar bint das
vnd hilff fur den

St. Gallen, Stiftsbibliothek
Cod. Sang. 1111, S. 368
Papier, 528 Seiten
28.5 × 20 cm
Südwestdeutschland,
1450/1475

Die wolschmeckandan böm, der rindan, wurtzalan, bletar vnd hartze und saffi man hoche brissat, wachsat [...] gegan dem mitan tag vnd gegan der sunan uffgang [...].
«Die wohlriechenden Bäume, deren Rinde, Wurzeln, Blätter, Harz und Saft man hoch preist, wachsen [...] im Süden und Osten [...].» (Linke Spalte ab Zeile 9)

Exotische Gewürze – nur etwas für Reiche

«Die erste Naturgeschichte in deutscher Sprache» – so bezeichnete Franz Pfeiffer 1861 in seiner Edition das *Buch der Natur*, das der Regensburger Domherr Konrad von Megenberg (1309–1374) um 1350 geschrieben hatte. Ganz korrekt ist das allerdings nicht: Konrad von Megenberg verfasste nur die älteste Naturgeschichte in *hoch*deutscher Sprache. Sie basiert auf dem *Liber de natura rerum* des Thomas von Cantimpré (1201–1270 oder 1272), der aber schon um 1270 von Jakob von Maerlant in mittelniederländische Verse übertragen wurde.[127]

Mit seinem Werk richtete sich Konrad von Megenberg an ein Laienpublikum, das der lateinischen Sprache nicht mächtig war. Er erschloss so das naturwissenschaftliche Wissen seiner Zeit einem grossen Kreis an Lesern und Leserinnen. Die weite Verbreitung seines *Buchs der Natur* bezeugt, dass er damit eine Marktlücke füllte: Über achtzig Handschriften und Handschriftenfragmente sowie sechs Inkunabeldrucke vom *Buch der Natur* sind heute bekannt.[128] Die hier gezeigte Handschrift Cod. Sang. 1111 wurde im dritten Viertel des 15. Jahrhunderts im Südwesten des deutschen Sprachraums geschrieben und ist nahezu vollständig.[129]

Das Buch der Natur gliedert sich in acht Bücher: 1. Mensch, 2. Kosmos, 3. Tiere, 4. Bäume, 5. Kräuter, 6. Edelsteine, 7. Metalle, 8. Wunderdinge. Das vierte Buch über Bäume behandelt wiederum einerseits einheimische, andererseits exotische Bäume.[130] Letztere charakterisiert Konrad von Megenberg als *wolsmeckende*, also duftende oder gut schmeckende Bäume (vgl. Bildlegende). Einige Beispiele hierfür sind Aloe, Kardamom, Zimt, Gewürznelken, Muskat, Pfeffer, Myrrhe, Sandelholz und Weihrauch. Bemerkenswert ist, dass Konrad von Megenberg das, was wir heutzutage als Gewürze kennen und nutzen, rein unter medizinischen Gesichtspunkten behandelt. So empfiehlt er etwa den Zimt als fast universales Heilmittel, für Gehirn, Magen, Zahnfleisch, Augen, Ohren und Gelenke.[131]

Im Kapitel über Kardamom wendet sich der Autor unvermittelt direkt an seine Leserschaft: *Nun macht du sprechan: Die ding sind gar nütz menlichar ard, aber warin vind ich si? Werlich, si wachsant gar ver in einam gartan. Abar hast du guo[t] und gelt, du mach ir vil ding nachan, vnd halt die kofflüt varant vere* («Nun sagst du vielleicht: Diese Dinge sind dem Menschen sehr nützlich, aber wo finde ich sie? Wahrlich, sie wachsen weit entfernt in einem Garten. Hast du aber Gut und Geld, so kannst du davon viel herholen. Die Kaufleute reisen nämlich weit»).[132] Diese Bemerkung zeigt, dass exotische Gewürze zu Konrads Zeit im deutschen Sprachraum zwar keine Selbstverständlichkeit waren, mit den entsprechenden finanziellen Mitteln aber durchaus beschafft werden konnten.

Franziska Schnoor

Pilze im Winter – Dichtung oder Wahrheit?

Pilze sind gefährlich: Wenn man beim Sammeln die falschen erwischt, kann man sich leicht vergiften. Wohl aus diesem Grund rät Ekkehart IV. in seinen *Benedictiones ad mensas* dazu, Pilze mehrmals zu kochen – selbst wenn diese Strategie nicht bei allen Pilzen wirkt: *Sepius elixos repleat benedictio fungos* («Der Segen erfülle die mehrfach gesottenen Pilze»).[133] In einer Randglosse ergänzt er: *Septies eos coqui iubetur* («Man soll sie siebenmal kochen»).[134] Auch Isidor von Sevilla († 636) weist in seinen *Etymologiae* auf die Gefährlichkeit von Pilzen hin: «Andere sagen, *fungi* seien daher benannt, dass einige Arten von ihnen tödlich sind, wonach auch das Wort *defuncti* («Verstorbene») Bezug nimmt.[135] Und der griechische Arzt Anthimus rät in seinem Brief über Speisediätetik (vgl. S. 64–65) eher vom Pilzessen ab: «Pilze jeglicher Art liegen schwer auf und sind unverdaulich. Blätterpilze und Morcheln sind besser als andere Pilze.»[136]

Über Morcheln weiss Ekkehart IV. eine Anekdote zu berichten. Sie steht als handschriftlicher Eintrag von ihm in Cod. Sang. 621, einem Codex mit der Weltgeschichte des spätantiken Geschichtsschreibers Paulus Orosius († nach 418). In dieser in St. Gallen vor 883 entstandenen Handschrift hat Ekkehart zahlreiche Glossen und mehrere kurze Texte geschrieben.[137] Der Eintrag zur Morchel steht zuoberst auf dem letzten Blatt. Ekkehart zitiert zunächst ein Epigramm des Notker Balbulus († 912): *Si mihi non vultis, oculis vel credite vestris / Vos saltem binas piscis mihi mittite spinas* – in der Nachdichtung von Wolfram von den Steinen: «Wollet ihr mir nicht glauben, so mögt nun selber ihr schauen. Hätte auch gern zwei Gräten von euerm Fisch mir erbeten.»[138] Im Folgenden erklärt er die kryptischen Hexameter:

Einige Möche von der Reichenau erzählten Notker Balbulus, bei Allensbach sei einst ein riesiger Aland gefangen worden, der dem Ort den Namen gegeben habe. Angeblich war der Fisch zwölf Spannen (ca. 89 cm) lang.[139] Darauf antwortete Notker, auch über das Galluskloster lasse sich Wunderbares berichten: Er habe dort im Januar eine Morchel wachsen gesehen. Weil ihn die Reichenauer daraufhin auslachten und des Lügens bezichtigten, schickte Notker als Beweis im folgenden Jahr eine Morchel auf die Reichenau, begleitet von den beiden Versen. An einer Ecke des Wärmeraums im Kloster tropfte nämlich die Wasserleitung. Zusammen mit der Wärme des Raums ergab das ein feuchtwarmes Klima, so dass dort mitten im Winter, während ringsum die Eiszapfen starrten, Pilze und grünes Gras wuchsen.

Notkers Pilzgeschichte ist etwas glaubwürdiger als das Anglerlatein der Reichenauer Mönche.[140] Morcheln wachsen nicht im Herbst, sondern im ausgehenden Winter bis Frühjahr.[141] Morcheln im Januar sind unter diesen besonderen Umständen einer lokalen Schneeschmelze also durchaus denkbar.

Franziska Schnoor

St. Gallen, Stiftsbibliothek
Cod. Sang. 621, S. 355
Pergament, 34.5 × 26 cm
Kloster St. Gallen, vor 883 /
9. Jahrhundert; Nachtrag
Ekkehart IV., 11. Jahrhundert

Hos versus Notker Balbulus fratribus Augensibus misit cum fungo, quem moruch vocant, in angulo apud sanctum Gallum fratrum pyralis in hieme nasci aliquot annis solito [...].
«Diese Verse schickte Notker Balbulus an die Mönche auf der Reichenau, zusammen mit einem Pilz, den man Morchel nennt, und der seit einigen Jahren regelmässig im Winter in einer Ecke beim Wärmeraum der Mönche des Klosters St. Gallen wuchs [...].»
(Epigramm Zeile 1, Erklärung ab Zeile 2)

Si mihi nuulteis oculis
Si mihi nuulleis oculis vel credite viris uobis·ti·· binas pisces mihi mitte spiras·

He uersus Notk balbulus scrib. augens b. misit cu fungo qe moruch uocant. in angulo ap sem gallu. frum
pyralis in hieme nasci· Iam quia annis solito · Nã cũ ipsi assererent in alabaspach loco viue pisce qué alaqm
uocant· xii· palmorũ apphensũ loco· tõ dedisse· ipse incredibilia narrantibs, etiã de sci galli lo cõse-
mus de dicturũ respondit· et supdicti nominis fungũ in ianuario ibi natũ se uidisse subiunx·· l q. ipsi illi
essi false locutũ· pari uoce dicentes· derisui habebant· Sed ipse ut dux· sequitur anno tridi ibi fungo nato· dicta facit co
pensauit· scribens eis qd supra· Causa ta erat fungi in angulo illo pyralis nasci solui. qd aqueductus euadẽ anguli pflu
enti riganur· & calor pyralisÿ nimiu sedet uñe aque mixtus illu attige· & foris tali pe·e pcoqa tera à fce· & fungos qui
de primitus· more etiã gramina que auerunt stipas· & glacie foris sub diuo rigentibus vapor· ide producunt
styrus

esdicta· a presidendo sdicta· Romani uare· siue cõsules· siue cuiquemodi duces· si leg
ibus cingebantur· hostili obuiũ pcinctus dicebatur· Sin autem p prouintias roĩ
legiones singu Jus
si in captu sumptuũ diuidebantur· cuip parti prepositus· q presides uocabantur·
ea aut in qbus presidebant· siue querres· cui siue uallate muniaones· Pre
lia dicebantur· Eqbz presidus legatus roma· ii duces prout tepus dictabat
pias legeba· legiones aut· xx presidus subinde p presides exercebantur mi
licatum disciplinis· ad omnis generis narũ ÿnde & exercitus dictus est
iones qui in psediis erant· stationarie uocabantur· Post quã aut inhiber
concesserant· exercebantur quidẽ· sed rarius· Paratũ tam sep ad arma
decim aut legiones legitime romanis erant· quarũ nulla alteri p uña similis erat· sed dispar in
ut si nominaret ordine numori· datuo qd arcũ uña ualeret pensaret· De q numero &
dixisse uidet· xii· legio res angelorũ· Sed in cẽulis bellis numerosiores fiebant pro copia
ibi quisq hostiũ scribere armis & militis potuerat· Unde de cesare aug leguĩ· quod tot tyrannis
as quadraginta quattu legiones solus sub se habuisse· Quas tã ille· extare sineret·
cũ
i exerciti stipendiare potuisset·

Ekkehart IV.
Benedictiones ad mensas

herausgegeben und übersetzt
von Cornel Dora

Vorbemerkung

Der lateinische Text versucht, die erste Fassung aller 280 Verse in Cod. Sang. 393, S. 184–197 (abgebildet unten, S. 116–129), wiederzugeben. Verse, die aufgrund des Schriftbilds nach der ersten Niederschrift hinzugefügt wurden, sind mit * bezeichnet. Die in der Handschrift lesbaren Varianten und erklärenden lateinischen und althochdeutschen Glossen sind in den Anmerkungen aufgeführt. Dabei wurden die bisherigen Ausgaben und Übersetzungen hinzugezogen, insbesondere Egli und Schulz bzw. Jürging, für die Interpretation des kulinarischen Vokabulars zudem Weber, Ekkehart IV. (vollständige bibliographische Angaben in Anmerkung 6 des Katalogteils). Die Anmerkungen der hier folgenden Ausgabe sind in einem eigenen Anmerkungsteil (S. 136–140) aufgeführt. Herzlichen Dank an Clemens Müller, Franziska Schnoor und Stefan Weber für ihre Hilfe bei der Erstellung von lateinischem Text und Übersetzung.

	Text	Übersetzung
	[S. 184]	
	Benedictiones ad mensas Ymmoni abbati de sancto Gre	Tischsegnungen Auf des Abts Ymmo des Klosters St. Georg[1],
	[S. 185]	
	gorio fratri germano compactę roganti.	meines leiblichen Bruders, würdige Bitte.
1	Non sinat offensas[2] super has deus affore mensas.	Gott lasse an diesen Tischen keine Kränkungen zu.
2	Largiter[3] impensis assit benedictio mensis.	Den reichlich beladenen Tischen sei Segen.
3	Rite superpansas repleat benedictio mensas.	Die aufgetischten Speisen soll der Segen nach dem Brauch erfüllen.
4	Appositi panes sint[4] damna parantis inanes.	Die aufgetragenen Brote sollen von Schaden Stiftendem frei sein.
5	Hoc munus panum[5] faciat benedictio sanum.	Diese Gabe von Broten mache der Segen gesund.
6	Verbum cum pane non sit virtutis[6] inane.	Das Wort zum Brot sei nicht ohne Wirkung.
7	Egris et sanis bona sit benedictio[7] panis.	Den Kranken und den Gesunden soll die Segnung des Brots guttun.

8	Hanc panis tortam faciat benedictio fortem.*	Diesen Brotlaib[8] mache der Segen stark.
9	Erige Christe manum tortis benedicere panum.	Erhebe, Christus, deine Hand, um die Brotlaibe zu segnen.
	Item	Ferner
10	Panem lunatum[9] faciat benedictio gratum.	Dieses halbmondförmige Brot mache der Segen bekömmlich.
11	Hoc notet[10] elixum[11] benedictio per crucifixum.	Dieses gesottene Brot bezeichne der Segen mit dem Gekreuzigten.
12	Mulceat hoc frixum benedictio cum sale[12] mixtum.	Dieses gesalzene Röstbrot[13] liebkose der Segen.
13	Panem fac gratum crux sancta[14] per ova levatum[15].	Das Brot, das durch Eier aufgegangen ist, mache das heilige Kreuz bekömmlich.
14	Sit cruce signatus panis de fece levatus.	Mit dem Kreuz bezeichnet sei das Brot, das durch Hefe aufgegangen ist.
15	Hoc fermentatum[16] faciat benedictio gratum.	Dieses Sauerteigbrot[17] mache der Segen bekömmlich.
16	Has deus oblatas faciat dulcedine gratas.*	Diese Hostienbrote mache Gott durch Schmackhaftigkeit bekömmlich.
17	Azima signetur cruce paschaque commemoretur.	Das ungesäuerte Brot[18] sei mit dem Kreuz bezeichnet und erinnere uns an Ostern[19].
18	Panem de spelta repleat benedictio multa.	Das Dinkelbrot[20] erfülle grosser Segen.
19	Triticeum panem faciat crux pestis inanem.	Das Weizenbrot mache das Kreuz frei von Unheil.
20	Numen divinum signet[21] panem sigalinum.	Die göttliche Macht zeichne das Roggenbrot.
	[S. 186]	
21	Ordea si panes fuerint sint pestis inanes.	Wenn es Gerstenbrote sind, seien sie frei von Unheil.
22	Robore sit plena fuerit si panis avena.	Wenn es ein Haferbrot ist, soll es voller Kraft sein.

23	Omne genus panis repleat benedictio donis.	Jede Sorte Brot[22] erfülle der Segen mit Gaben.
24	Tam noviter cocti cruce panes sint benedicti.*	So seien die frisch gebackenen Brote mit dem Kreuz gesegnet.
25	Iste recens coctus cruce panis sit benedictus.	Dieses frischgebackene Brot sei mit dem Kreuz gesegnet.
26	Hi gelidi[23] panes sint fraudis et hostis inanes.*	Diese kalten Brote[24] seien frei von Trug und Teufel.
27	Hic gelidus panis sit pestis et hostis inanis.	Dieses kalte Brot sei frei von Unheil und Teufel.
28	Peste procul Christe sit subcineritius iste.	Fern von Unheil, Christus, sei dieses in Asche gebackene Brot.
	Super fragmenta	Über Brotbrocken
29	Nil leve nil vanum violet tot fragmina panum.	Nichts Leichtsinniges oder Eitles verderbe alle diese Brotbrocken.
30	Fratrum fragmentis assit[25] manus omnipotentis.	Den Brotbrocken der Brüder stehe die Hand des Allmächtigen bei.
	Ad Diversa Victualia	Über verschiedene Speisen
31	Assit cunctorum fons largitorque bonorum.	Mit uns sei der Quell und Spender aller Güter.
32	Det deus illęsus sit noster potus et ęsus.*	Gott gebe, dass unser Trank und unsere Speise unverdorben seien.
33	Sit cibus et potus noster benedictio totus.[26]	Ein Segen sei all unsere Speise und unser Trank.
34	Omne quod appositum est cruce sancta sit bened[ictum].[27]	Alles, was aufgetragen ist, sei mit dem heiligen Kreuz gesegnet.
35	Sit cibus appositus crucis hoc signo benedictus.*	Die aufgetragene Speise sei durch dieses Kreuzzeichen gesegnet.
36	Sit noster victus virtute crucis benedictus.	Unser Essen sei durch die Kraft des Kreuzes gesegnet.
37	Hunc salus ipsa salem faciat non exitialem.	Das Heil selbst bewirke, dass dieses Salz kein Unheil bringt.

38	Istam salsuram[28] faciat benedictio puram.	Diese Salzlake[29] mache der Segen rein [30].
39	Hos pisces coctos cruce sumamus benedictos.*	Verspeisen wir diese gekochten Fische mit dem Kreuz gesegnet.
40	Hos benedic pisces qui talibus[31] ęquora misces.	Segne diese Fische, der du mit solchen die Gewässer mischst [32].
41	Pneuma sibi sanctum perfundat aquatile cunctum.*	Der heilige Geist ergiesse sich über alles, was im Wasser lebt.
42	Sit cruce millena benedicta marina Balena[33].	Der Stockfisch[34] aus dem Meer sei mit dem Kreuz tausendmal gesegnet.
43	Danubii piscis sit Huso saporis[35] in ęscis.	Der Donau-Fisch Hausen[36] sei eine schmackhafte Speise.
44	Salmo potens[37] piscis sit sanus et aptus in ęscis.	Der grosse Salm[38]-Fisch sei gesund und passend zu den Speisen.
45	Fortis in Esocem[39] mittat benedictio Vocem.	Ein kräftiger Segen entsende das Wort auf den Lachs.
	[S. 187]	
46	Illanch pręcellat alemannicus[40] et mala pellat.	Die alemannische Illanke[41] sei vortrefflich und vertreibe die Übel.
47	Omnibus unus aquis sit Lucius ęsca suavis[42].	Der in allen Wassern gleiche Hecht sei eine schmackhafte Speise.
	Item	Ferner
47a	Crux faciat sanam virtute potente Rubulgram.	Das Kreuz mache mit mächtiger Kraft den Saibling[43] gesund.
48	Crux faciat gravidam fungi dulcedine triscam.[44]*	Das Kreuz mache, dass die trächtige Trüsche[45] Schmackhaftigkeit zeige.
49	Lampredam raram nimium benedic dee caram.	Die seltene und allzu teure Lamprete[46] segne du, Gott.
50	Multiplici troctam[47] cruce sumamus benedictam[48].*	Verspeisen wir die vielfach mit dem Kreuz gesegnete Forelle[49].

51	Omne genus Troctę benedic super omnia macte.	Jede Forellenart segne du, der über allem Gesegnete.
52	Sit salsus piscis bonus Almarinus⁵⁰ in ęscis.	Der gesalzene Hering[51] sei eine gute Speise[52].
53	Sit dulcis prorsus piscis dee sic sale morsus.	Es sei ganz schmackhaft der Fisch, Gott, der so von Salz zerfressen[53] ist.
54	Anguillas gratas fac crux novies oculatas.*	Die Neunagen[54] mach bekömmlich, Kreuz.
55	Fercla superstantem signet crux sancta natantem⁵⁵.	Den auf dem Tablett liegenden Schwimmer[56] segne das heilige Kreuz.
56	Mittat in anguuillam⁵⁷ dextram qui condidit illam.*	Es strecke die Rechte aus zum Aal, der ihn erschaffen hat.
57	Pars tanti⁵⁸ piscis nostris benedicta sit ęscis.	Das Stück eines so grossen Fischs unter unseren Speisen sei gesegnet.
58	Non sinat hanc percam deus in dulcedine parcam.*	Gott lasse nicht zu, dass es diesem Barsch[59] an Wohlgeschmack mangelt.
59	Hunc piscem coctum cruce sumamus benedictum.	Lasst uns diesen gekochten Fisch mit dem Kreuz gesegnet verspeisen.
60	Hunc rubricum⁶⁰ coctum factor fore fac benedictum.*	Dieses gekochte Rotauge lasse, oh Schöpfer, gesegnet sein.
61	Piscis adest assus, benedicat eu[m] cruce passus.	Hier ist gebratener Fisch, ihn segne, der am Kreuz gelitten hat.
62	Cancrorum vescas faciat qui condidit ęscas.*	Nahrhaft mache die Krebse[61], der die Speisen geschaffen hat.
63	Piscis sit gratus crucis hac virtute⁶² notatus.	Schmackhaft sei der Fisch, der durch diese Kraft des Kreuzes bezeichnet ist.
64	Pisces sint grati grato studio piperati.*	Mögen die Fische schmackhaft sein, die mit willkommenem Eifer gepfeffert wurden.

65	Piscis sit gratus signo domini piperatus⁶³.	Der mit dem Zeichen des Herrn gepfefferte Fisch sei schmackhaft.
66	Hanc Walaram⁶⁴ crassam fratres cruce sumite pressam.*	Brüder, verspeist diesen dicken Wels⁶⁵, nachdem er mit dem Kreuz gezeichnet wurde.
67	Pisciculis tantis crux obviet altitonantis.	All diesen Fischlein begegne das Kreuz des Allmächtigen⁶⁶.
68	Sub cruce febre sine sit crundula cum capitone.*	Durch das Kreuz sei ohne Krankheit die Grundel mit dem Döbel⁶⁷.
69	Milia coctorum⁶⁸ benedic dee pisciculorum.	Gott segne Tausende gekochter Fischlein.
70	Sit benedicta fibri caro piscis voce salubri.⁶⁹*	Mit heilbringender Stimme sei des Biberfischs Fleisch gesegnet.
71	Omne natans trinus licitum benedicat et unus.	Alles Erlaubte, das schwimmt⁷⁰, segne der Dreieine.
72	Pneumatis ex donis pars hęc bona sit Sturionis.*	Zu den Geschenken des Geistes gehöre dieses schöne Stück vom Stör.
	Item	Ferner
73	Piscibus ęquipares benedic rex Christe volucres.	Die den Fischen gleichgestellten Vögel segne du, König Christus.
74	Crux benedicat⁷¹ avem⁷² faciatque sapore suavem⁷³.	Das Kreuz segne den Vogel und mache seinen Geschmack angenehm.
75	Nil noceat stomachis caro non⁷⁴ digesta Pavonis.	Nicht schaden soll den Bäuchen das unverdaute Fleisch des Pfaus.
	[S. 188]	
76	Sit stomachis sana cruce nobilis hęc Phasiana⁷⁵.	Dieser edle Fasan sei durch das Kreuz gesund für die Bäuche.
77	Iste cibus Cigni noceat nihil arte maligni.	Dieses Schwanengericht schade nicht durch die Kunst des Bösen.

78	Anseris illęsus nostris sit faucibus ęsus.*		Das Gänsegericht sei unseren Kehlen unschädlich.
79	Fauce malum rauca nullum paret hęc deus[76] Auca[77].		Die Gans mit ihrer misstönenden Kehle soll, Gott, keinen Schaden bereiten.
80	Crux benedicta Gruem benedic faciendo salubrem.		Gesegnetes Kreuz, segne den Kranich, indem du ihn bekömmlich machst.
81	Escis decretam benedicat Christus Anetam[78].		Die zur Speise bestimmte Ente segne Christus.
82	Sit dulcis pernix simulata quod clauda Coturnix[79].		Schmackhaft sei die flinke Wachtel, die vorgibt, sie sei lahm.
83	Pneuma potens propriam benedic virtute[80] Columbam.		Mächtiger heiliger Geist, segne die dir zugehörige Taube mit deiner Kraft.
84	Turtureis paribus benedicat trinus et unus.		Die Turteltaubenpaare segne der Dreieine.
85	Omne columbinum dominus benedicat in unum.		Der Herr segne die gesamte Taubenschaft auf einmal.
86	Gallinam coctam sacra crux faciat benedictam.		Das gekochte Huhn mache das heilige Kreuz gesegnet.
87	Castrati Galli sit iam caro noxia nulli.		Das Fleisch des kastrierten Hahns[81] soll nunmehr niemandem schädlich sein.
88	Plurima tantillis assit benedictio pullis.		Den kleinsten Hühnchen[82] soll reichlich Segen zuteil sein.
89	Sit bona se functis volucrina comestio[83] cunctis.		Allen sei das Geflügel[84] bekömmlich, das sie verspeist haben.
90	Sub nive se pernix mersans sapiat bene perdix.*		Das flink im Schnee untertauchende Schneehuhn soll gut schmecken.
91	Infer tantillis dee mille cruces volucellis.		Gott, gewähre tausend Kreuze diesen kleinen Vögelchen.
92	Nil noceant ulli de decipulis volucelli.*		Niemandem sollen die mit Schlingen gefangenen Vögelchen schaden.

93	Crux faciat salubres quibus est sua forma volucres.	Das Kreuz mache die Vögel bekömmlich, die seine Gestalt haben.
94	Sub cruce sit sanctum licitale volatile[85] cunctum.	Mit dem Kreuz sei alles erlaubte Geflügel geheiligt.
	Item	Ferner
95	Sit Bovis illęsus stomachoque solubilis ęsus.	Das Rind sei eine unschädliche und dem Bauch verdauliche Speise.
96	Sub cruce divina caro sit benedicta bovina.*	Durch das heilige Kreuz sei das Rindfleisch gesegnet.
97	Inpinguet Vitulum Crucis alma figura tenellum.*	Die erhabene Form des Kreuzes mache das zarte Kalb fett.
	[S. 189]	
98	Signa crucis mille carni socientur ovillę.	Tausend Kreuzeszeichen sollen sich mit dem Schafffleisch verbinden.
99	Christe crucis signum depinxeris hunc super Agnum.	Christus, male das Zeichen des Kreuzes auf dieses Lamm.
100	Omne malum pelle, deus, hac de carne Capellę.	Vertreibe alles Böse, Gott, aus diesem Ziegenfleisch[86].
101	Crux sacra nos lędi vetet his de carnibus Ędi.	Das heilige Kreuz verhüte, dass uns das Fleisch des Ziegenböckleins schade.
102	Sit cibus illęsus Caper et sanabilis ęsus.	Der Ziegenbock sei eine unschädliche Speise und ein gesundes Essen.
103	Omnia qui cernis benedic crustamina[87] carnis.	Der du alles siehst, segne dieses Bratenstück.
104	Omnipotens sermo cocto[88] super intonet[89] armo.	Das allmächtige Wort erschalle über dem gekochten Schulterstück.
105	Coctus[90] adest porcus. Procul hinc Satan absit et Orcus.	Hier ist das gekochte Schwein. Fern von hier seien Satan und Hölle.
106	Per sacra vexilla caro sit benedicta suilla.	Durch die heiligen Zeichen gesegnet sei das Schweinefleisch.

107	Scultellę porci procul omnis sit dolus Orci.	Der Schüssel mit dem Schwein sei fern alle List der Hölle.
108	Pradonem coctum cruce signamus benedictum.*	Den gekochten Schinken[91] bezeichnen wir mit dem Kreuz als gesegnet.
109	Dextera porcellum benedicat summa tenellum.	Die höchste Hand segne das zarte Ferkel.
110	Lardum lixatum faciat benedictio gratum.	Den gesottenen Speck[92] mache der Segen bekömmlich.
111	Carnes conflictas[93] cruce sumamus benedictas.	Lasst uns das Hackfleisch mit dem Kreuz gesegnet verspeisen.
112	Hanc verris[94] massam dulcem faciat deus assam.	Dieses gebratene Stück vom Eber mache Gott schmackhaft.
113	Pars verris[95] cocta cruce Christi sit benedicta.	Dieses gekochte Stück vom Eber sei mit dem Kreuz Christi gesegnet.
114	In cruce transfixum gerat assa veru caro Christum.	Der Spiessbraten trage den am Kreuz durchbohrten Christus.
115	Carnibus elixis benedicimus atque refrixis.	Wir segnen das gesottene und wieder erkaltete[96] Fleisch.
	Item	Ferner
116	Sub cruce divina benedicta sit ista ferina.*	Mit dem heiligen Kreuz sei gesegnet dieses Wildbret.
117	Sub cruce divina sapiat bene quęque ferina.*	Mit dem heiligen Kreuz schmecke gut alles Wildbret.
118	Et semel et rursus cruce sit medicabilis ursus.	Einmal und noch einmal sei der Bär durch das Kreuz heilsam.
119	Hunc medici memorant sanum nullique nocivum.*	Diesen nennen die Ärzte gesund und schädlich für niemanden.

[S. 190]

120	Dente timetur⁹⁷ Aper cruce tactus sit minus asper.	Der Keiler wird wegen seines Hauers gefürchtet; vom Kreuz berührt sei er weniger harsch.
121	Cervi⁹⁸ curracis caro sit benedictio pacis.	Dem Fleisch des schnellen Hirschs⁹⁹ sei der Friedenssegen.
122	Hęc Satan et Larvę fugiant crustamina Cervę.	Der Satan und die bösen Geister mögen diesen Hirschkuhbraten fliehen.
123	Signet Vesontem benedictio cornipotentem.	Es zeichne der Segen den hornbewehrten Wisent.
124	Dextra dei veri comes assit¹⁰⁰ carnibus Uri.	Die Rechte des wahren Gottes stehe dem Auerochsenfleisch¹⁰¹ bei.
125	Sit bos silvanus sub trino nomine¹⁰² sanus.	Unter dem Namen des Dreifaltigen sei das Waldrind gesund.
126	Sit feralis equi caro dulcis in hac cruce Christi¹⁰³.	Unter diesem Kreuz Christi sei das Wildpferdfleisch schmackhaft.
127	Imbellem Dammam faciat benedictio summam.	Die wehrlose Damhirschkuh¹⁰⁴ mache der Segen vorzüglich.
128	Capreus ad saltum benedictus sit celer altum.	Der schnell zu einem hohen Sprung ansetzende Rehbock sei gesegnet.
129	Sit cibus illęsus Capreę. Sit amabilis esus.	Eine unschädliche Speise sei die Ricke. Sie sei eine liebliche Speise.
130	Capreoli¹⁰⁵ vescam dent¹⁰⁶ se comedentibus ęscam.	Die Rehkitze mögen denen, die sie verspeisen, eine leichte Nahrung geben.
131	Carnes Verbicum nihil attulerint inimicum.	Das Steinbockfleisch¹⁰⁷ bringe nichts Nachteiliges.
132	Pernix Cambissa¹⁰⁸ bona sis elixa vel assa.	Sei du gut, flinke Gämse, ob gesotten oder gebraten.
133	Sub cruce divina caro dulcis sit leporina.*	Unter dem göttlichen Kreuz sei das Wildhasenfleisch schmackhaft.
134	Alpinum Cassum faciat benedictio crassum.	Das Murmeltier¹⁰⁹ aus den Bergen mache der Segen fett.

135	Sit caro silvana crucis omnis robore sana.*	Alles Fleisch von Waldtieren sei durch die Kreuzeskraft gesund.
	Item	Ferner
136	Hoc mulctro lactis sit vita vigorque refectis.	Denen, die von diesem Eimer Milch getrunken haben, sei Leben und Kraft.
137	Primitus hoc[110] macti memores benedicite lacti[111].	Segnet die Milch eingedenk dessen, der als Erster durch sie gesegnet wurde[112].
138	Hunc[113] caseum[114] dextra signet deus intus et extra.	Diesen Käse segne Gottes Rechte innen und aussen.
139	Parturiat nullos lactis pressura[115] lapillos.	Möge das aus der Milch Gepresste [Käse oder Quark] keine Steinchen erzeugen.
140	Mel Piper et Vinum lac dant minus esse nocivum.*	Honig, Pfeffer und Wein machen, dass die Milch weniger schädlich ist.
141	Lactis pressuram crux melle premat nocituram.	Das Kreuz verhindere mit dem Honig, dass der Käse[116] schädlich sei.
142	Optime sumetur caseus si melle [unleserlich]detur.*	Am besten wird der Käse gegessen, wenn er mit Honig angereichert ist.[117]
	[S. 191]	
143	Lac mage caprinum medici perhibent fore sanum.*	Die Ärzte sagen, dass Ziegenmilch gesünder sei.
144	Hoc mel dulcoret deus ut sine peste saporet.	Diesen Honig süsse Gott, damit er ohne Schaden würzt.
145	Hoc millenarum benedic dee mel specierum.*	Gott, segne diesen Honig von tausend Gewürzen.
146	Tristia qui pellis benedic dee nectara mellis.	Der du die Traurigkeit vertreibst, Gott, segne den Nektar des Honigs.
147	His bone Christe favis benedic favus ipse suavis.*	Guter Christus, segne diese Honigwaben, der du selber eine süsse Wabe bist.
148	Pultibus et iuttis niveis[118] benedictio guttis.	Segen sei dem Mus und dem Brei mit schneeweissen Tropfen[119].

149	Iungatur lęto benedictio lęta moreto.	Ein fröhlicher Segen geselle sich zum fröhlichen Moretum.[120]
150	Gratia fervores inflet quoscunque[121] liquores.	Die Gnade erfülle alle heissen Getränke.
151	Hoc pigmentatum faciat crux addita gratum.*	Diesen Würzwein[122] mache die Zugabe des Kreuzes bekömmlich.
152	Arte cibos factos deus artis fac benedictos.	Die mit Kunst bereiteten Speisen lass gesegnet sein, Gott der Kunst.
153	Omnia sint grata perfusa per hęc piperata.	Alles sei bekömmlich, was mit dieser Pfefferbrühe[123] übergossen ist.
154	Sumamus lęti mixtam[124] mordentis aceti[125].	Lasst uns fröhlich die Mischung des beissenden Essigs[126] zu uns nehmen.
155	Crux domini Sinapis iungatur morsibus acris.	Das Kreuz des Herrn verbinde sich mit dem scharfen Beissen des Senfs.
156	Tot pinsis erbis salus ipsa[127] sit addita verbis.	Diesen vielen zerstossenen Kräutern sei mit Worten das Heil selbst hinzugegeben.
157	Istam mixturam faciat benedictio puram.	Diese Kräutermischung[128] mache der Segen rein.
158	Hac cruce[129] pigmentis assit manus omnipotentis.	Durch dieses Kreuz sei die Hand des Allmächtigen mit den Spezereien.[130]
159	Grate[131] commentis crucis assint signa[132] Placentis.	Die Zeichen des Kreuzes seien mit diesen bekömmlich zubereiteten Kuchen[133].
160	Hac cruce signata comedamus[134] Adorea grata.	Mit diesem Kreuz bezeichnet wollen wir diesen bekömmlichen Speltkuchen[135] verspeisen.
161	In spem nativa[136] benedicat conditor ova[137].	Zur Hoffnung segne der Schöpfer die lebengebenden Eier.
162	Christe tuum numen cruce condiat omne legumen.*	Christus, deine göttliche Macht würze mit dem Kreuz jede Hülsenfrucht.

163	Pneuma [138] tuum numen super istud funde legumen.[139]*	[Heiliger] Geist, giess deine Macht aus über diese Hülsenfrucht.
164	Pulmentum fabę faciat deus esse suave.*	Gott lasse den Ackerbohnenbrei schmackhaft sein.
165	Summe dator[140] Fabas benedic quas ipse creabas.	Höchster Geber, segne die Ackerbohnen, die du selbst geschaffen hast.
166	Hanc speciem[141] Ciceris benedic qui cuncta tueris.	Du, der du alles erhältst, segne diese Kichererbsensorte.
	[S. 192]	
167	Crux domini Pisas descendat in has numerosas.	Das Kreuz des Herrn komme herab auf diese zahlreichen Erbsen.
168	Vessicę invisas petris benedic dee pisas.[142]*	Gott, segne die Erbsen, die den Blasensteinen schädlich sind.
169	Dextra cibos lentis benedicat cunctipotentis.	Die Rechte des Allmächtigen segne die Linsengerichte.
170	Primatum sit vendenti benedictio lenti.*	Segen sei der Linse, die das Erstgeburtsrecht verkauft hat.[143]
171	Sit primogenita vendens rubra coctio lenta.	Die Rote [Linse], die das Erstgeburtsrecht verkauft, sei ein langsam kochendes Gericht.
172	Hoc Milium coctum super omnia[144] sit benedictum.	Diese gekochte Hirse[145] sei über allem gesegnet.
173	Non pariat milium febris ulli frigus et ęstum[146].	Die Hirse verursache niemandem die Kälte und Hitze des Fiebers.
174	Christe habitans cęlum solabere triste Phaselum.	Christus, der du im Himmel wohnst, du wirst die bittere Gartenbohne trösten.
175	Sint cruce sub sancta benedicta legumina cuncta.	Durch das heilige Kreuz sei gesegnet alles Gemüse.
	Item	Ferner

176	Arboribus lecta sint dona dei benedicta.	Die von den Bäumen gepflückten Gaben Gottes seien gesegnet.
177	Hęc pie Christe dona[147] sint nobis mitia poma.	Diese Baumfrüchte, gnädiger Christus, seien uns milde Gaben.
178	Hunc Olęe fructum faciat lux pax benedictum.	Das Licht, der Friede möge diese Frucht des Ölbaums[148] gesegnet machen.
179	Da Petre de roma sint mitia Cedria poma.	Gewähre, Petrus von Rom, dass die Früchte der Zitronatzitrone[149] mild seien.
180	Cedria virtutem dent poma ferantque[150] salutem.	Die Zitronen sollen Kraft geben und Gesundheit bringen.
181	Ficorum grossis benedictio gratia massis.	Dem dicken Feigenbrei[151] seien Segen und Gnade.
182	Assit Dactilicis palmarum gratia[152] grossis.	Den dicken Palm-Datteln[153] sei Gnade.
183	Appropiare Botris sit nulla licentia tetris.	Nicht erlaubt sei es Schädlichem, sich den Weintrauben zu nähern.
184	Mala Granata faciat benedictio grata.	Die Granatäpfel mache der Segen bekömmlich.
185	Malorum species faciat benedictio dulces.	Die [verschiedenen] Apfelsorten mache der Segen schmackhaft.
186	Conditor ipse Pyra fore det dulcedine mira.[154]	Der Schöpfer selbst lasse die Birnen wundervoll süss sein.
187	Ad lapidosa pira vessicę torpeat ira.[155]*	Mögen die Holzbirnen[156] das Blasengrimmen beruhigen.
188	Ut lapidosorum bona sit vessica pirorum.[157]*	Auf dass die Blase wegen der Holzbirnen[158] gut sei.
189	Malis iuncta pira stomachi non sentiat ira.	Das Magengrimmen möge die mit Äpfeln vermengten Birnen nicht verspüren.

[S. 193]

190	Sub cruce sint sana tenera lanugine mala[159].	Durch das Kreuz seien die fein behaarten Quitten[160] gesund.
191	Castaneas mollęs fac qui super omnia polles.	Mach die Esskastanien weich, der du über alles herrschst.
192	Persiceus fructus cruce sancta sit benedictus.	Die Pfirsichfrucht sei mit dem heiligen Kreuz gesegnet.
193	Maiestas una benedicat cerea Pruna.	Die einzige Majestät segne die goldgelben Pflaumen[161].
194	Christe tua dextra benedic Cęrasia nostra[162].	Mit deiner Rechten, Christus, segne unsere Kirschen.
195	Hiberię tellus dedit hęc Italisque Lucullus.	Die Erde Iberiens[163] und Lukull gaben diese [Kirsche] den Italiern.
196	Christus Amarinas cruce mulceat Hiberianas.	Christus lasse durch das Kreuz die iberischen[164] Sauerkirschen milde werden.
197	Crux in Avellanas veniens det eas fore sanas.[165]	Das Kreuz, das über die Haselnüsse kommt, mache diese heilsam.
198	Gratia trina Nuces sibi partas det fore dulces.	Die dreifaltige Gnade mache die Walnüsse, die für sie gewachsen sind, schmackhaft.
199	Quos dedit in flores nux plurima servet honores.	Die vielen Nüsse sollen die Pracht bewahren, die sie in ihre Blüten steckten.
200	Sit genus omne nucum specie distans benedictum.	Gesegnet seien alle Sorten von Nüssen von verschiedener Art.
201	Pneumaticus fervor foveat quę quisque dat arbor.	Die Glut des Heiligen Geistes lasse gedeihen, was jeder Baum gewährt.
202	Arboris omnis onus benedicat trinus et unus.*	Die Last jedes Baums segne der Dreieine.
203	Gustu radices faciat crux has fore dulces.	Das Kreuz bewirke, dass diese Rettiche schmackhaft seien.

204	Seminis hanc speciem dominus det ferre salutem.*	Der Herr lasse diese Samenart Gesundheit bringen.
205	Hoc holeris semen stomacho fac Christe levamen.	Christus, lass diesen Kohlsamen[166] dem Magen Linderung bringen.
206	Sub cruce divina benedicta sit hęc medicina.*	Mit dem göttlichen Kreuz sei dieses Arzneikraut[167] gesegnet.
207	Summus ab hac erba dator omnia pellat acerba.	Der höchste Geber vertreibe alles Bittere aus diesem Kraut[168].
208	Hortorum fructus sancta cruce sit benedictus.	Das Gartengewächs sei mit dem heiligen Kreuz gesegnet.
209	Hoc benedicat holus qui cuncta creat bona solus.	Diesen Kohl[169] segne der, der alles Gute allein erschafft.
210	Coctos seu crudos Porros crux det febre nudos.[170]	Das Kreuz gebe, dass der gekochte wie der rohe Lauch kein Fieber verursache.
211	Sępius elixos repleat benedictio fungos[171]*	Segen erfülle die mehrfach gekochten Pilze[172].
212	Caules[173] omnigenas faciat benedictio sanas.	Alle Sorten von Kohl[174] mache der Segen heilsam.
	[S. 194]	
213	Christe potens pones super hos tua signa pepones.	Mächtiger Christus, setze dein Segenszeichen auf diese grossen Melonen[175].
214	Virtutem stomachis solitam dent allia lassis.[176]	Die gewohnte Kraft geben soll der Knoblauch[177] den geschwächten Mägen.
215	Sed non millenas renibus operentur arenas.*	Aber mögen sie den Nieren nicht tausende Steinchen bescheren.
216	Nomine sit domini benedicta Cucurbita summi.	Mit dem Namen des höchsten Herrn sei der Kürbis[178] gesegnet.
217	Lactucis horti benedictio sit cruce forti.	Der Lattich[179] aus dem Garten sei mit dem machtvollen Kreuz gesegnet.

218	Concisas erbas in acetum crux det acerbas.	Das Kreuz gebe die gehackten bitteren Kräuter in den Essig[180].
	Ad omnia	Für alles
219	Ad crucis hoc signum fugiat procul omne malignum.	Bei diesem Kreuzzeichen fliehe alles Bösartige weit weg.
220	Omne sit edulium virtute crucis benedictum.*	Alles Essbare sei durch die Kraft des Kreuzes gesegnet.
221	Omne suum munus benedicat trinus et unus.	Alle seine Geschenke segne der Dreieine.
	Benedictio potum	Segnung der Getränke
222	Lętitiam domini sapiant hęc pocula vini.	Diese Becher mit Wein[181] sollen nach der Freude des Herrn schmecken.
223	Sit noster[182] potus domini benedictio totus.	Es sei all unser Getränk ein Segen des Herrn.
224	Sancta dei dextra benedicat pocula nostra.	Die heilige Rechte Gottes segne unsere Becher.
225	Hunc fratrum potum repleat benedictio totum.	Der Segen erfülle dieses Getränk der Brüder ganz und gar.
226	Tot calicum munus benedicat trinus et unus.*	Der Dreieine segne die Gabe[183] so vieler Pokale.
227	Christe tuum rorem super hunc effunde liquorem.	Christus, giesse deinen Tau aus über dieses Getränk.
228	Vinitor hęc mitis benedicat munera vitis.	Der Winzer segne diese Gaben der milden Rebe[184].
229	Vitibus enatum benedicat gratia potum.*	Das aus den Reben entstandene Getränk[185] segne die Gnade.
230	Vitibus enatum benedic dee Christe temetum.	Das aus den Reben geborene berauschende Getränk[186] segne Gott, Christus.
231	Lęti[187] haurite de vera gaudia vite.	Fröhlich schöpft Freuden aus dem wahren Rebstock[188].
232	Misceat[189] interna deus hęc virtute phalerna.	Gott mische diesen Falerner mit innerer Kraft.[190]

233	Munere divino sit huic benedictio vino.*	Durch göttliches Geschenk sei Segen diesem Wein[191].
234	Crux det in hoc mustum placida dulcedine gustum.	Das Kreuz gebe in diesen Most[192] den Geschmack angenehmer Süsse.
235	Quam sapiant gusta condita pneumate[193] musta.	Wohl möge der vom Geist gewürzte Most[194] schmecken.
236	Hunc vitis[195] haustum faciat nova gratia[196] faustum.	Diesen Trank der Rebe[197] mache die neue Gnade glückbringend.
237	Nesciat hęc Bromius fugiat charchesia Bachus.*	Möge Bromius diese Becher nicht kennen und Bacchus sie vermeiden.
	[S. 195]	
238	Complaceat[198] Christo niveo[199] benedicere musto.	Möge es Christus gefallen, den hellen Most[200] zu segnen.
239	Musta recens hausta faciat benedictio fausta.	Den frisch gepressten Most[201] mache der Segen bekömmlich.
240	Christe hiesu musta bona fac[202] et vina vetusta.	Jesus Christus mach gut die Moste[203] und die alten Weine[204].
241	Vina vetustatis bona sint simul et novitatis.	Gut seien sowohl die alten wie die neuen Weine[205].
242	Pneumatis ebrietas mentes det sobrie lętas.*	Die Trunkenheit des Geistes[206] lasse die Geister nüchtern fröhlich sein.
243	Conditor hoc vinum confortet in omne venenum.	Der Schöpfer stärke diesen Wein[207] gegen jedes Gift.
244	Cor faciat lętum viva de vite temetum.*	Fröhlich mache das Herz das berauschende Getränk aus der lebendigen Rebe[208].
245	Christi mixtura sit perflua potio pura.	Von der Vermischung mit Christus sei dieses klare Getränk[209] durchdrungen.
246	Hoc pigmentatum supero sit rore rigatum.	Mit dem Tau von oben sei dieser Würzwein bewässert.[210]

247	Dulce Savinatum faciat benedictio gratum.	Den süssen Wachholderwein²¹¹ mache der Segen bekömmlich.
248	Sucum pomorum siceram fac Christe saporum.	Christus, mach den Saft des Obsts zu einem Fruchtwein²¹² von trefflichem Geschmack.
249	Potio facta moris²¹³ superi sit plena saporis.	Voll von vorzüglichem Geschmack sei das Getränk aus Maulbeeren²¹⁴.
250	Neminis hoc Passum²¹⁵ caput efficiat²¹⁶ fore lassum.	Dieser Rosinenwein²¹⁷ bewirke, dass niemandes Kopf träge wird.
251	Pneuma suum rorem det in hunc spirando Medonem.	Der Geist gebe durch seinen Hauch seinen Tau in diesen Met²¹⁸.
252	Mille sapora bonis sint pocula sana Medonis.	Tausend wohlschmeckende Becher seien heilsam durch guten Met²¹⁹.
253	Dextra dei celsa velit hęc benedicere Mulsa.²²⁰	Die himmlische Rechte Gottes wolle diesen Honigwein segnen²²¹.
254	Hoste propulso sit huic benedictio mulso.²²²	Wenn der Feind vertrieben ist, sei der Segen mit diesem Honigwein²²³.
255	Fortis ab invicta cruce Coelia²²⁴ sit benedicta²²⁵.	Gesegnet vom unbesiegten Kreuz sei das kräftige Gerstenbier²²⁶.
256	Dira per hanc²²⁷ fortes subiit Numantia mortes.	Dadurch erlitt das verwünschte Numantia viele Tode.
257	Optime provisę vix gratia²²⁸ sit Cerevisę.²²⁹	Gnade sei dem soeben vorzüglich gebrauten Bier²³⁰.
258	Non bene provisę confusio sit Cervisę.²³¹	Vermischung²³² geschehe mit dem nicht gut gebrauten Bier²³³.
	[S. 196]	
	Item	Ferner
259	Cor faciat clarum potus sincerus aquarum.	Der unverfälschte Trunk des Wassers mache das Herz rein.

260	Hunc haustum fontis mundet manus omnipotentis.	Diesen Trunk aus der Quelle reinige die Hand des Allmächtigen.
261	Nulli fons vivus stomacho sit Christe nocivus.[234]	Keinem Magen sei, oh Christus, der lebendige Quell schädlich,
262	Timotheo vinum Paulus[235] cui dat medicinam.[236]	so wie bei Timotheus, dem Paulus Wein zur Medizin gab.[237]
263	Frigidus iste calix mercede[238] sit unice felix.	Dieser kühle Kelch sei durch [dein] Verdienst, du Einziggeborener, glückbringend.
264	Pneumatis has mundas faciat fore ros sacer Undas.	Der heilige Tau des Geistes mache dieses Wasser rein.
	Dictamen debitum	Pflichtgedicht [für meinen Lehrer][239]
265	Pluris quam vina fontana valet medicina.	Mehr noch als Wein wirkt die Medizin vom Brunnen.
266	Vinum lętificat cor fons vî duplice salvat.	Der Wein erfreut das Herz, der Quell heilt mit doppelter Kraft.
267	Nudo cum pane fons cor confortat inane.	Zusammen mit trockenem Brot stärkt der Quell das hungrige Herz.
268	Firmat cor hominis aqua cum gustamine panis.	Wasser stärkt das Herz des Menschen zusammen mit einem Bissen Brot.
269	Nulla creatura preciatur[240] aqua mage pura.	Kein Ding der Schöpfung ist von höherem Wert als reines Wasser.
270	Corpus aqua durat[241] animę morbos sacra curat[242].	Den Körper stärkt das Wasser, die Krankheiten der Seele heilt das geweihte [Wasser].
271	Hęc[243] est qua vitam paradysus reddit avitam.	Dieses [Wasser] ist es, durch welches das Paradies das angestammte Leben zurückgibt,
272	In cruce[244] solemnes quadra[245] dum dividit amnes.	während es im vierseitigen Kreuz die geheiligten Flüsse aussendet.

273	Efficit et sacra [unleserlich] lavacra²⁴⁶	Es bildet auch die heiligen [unleserlich] Waschungen,
274	Aut baptizando mala tergens aut lacrimando²⁴⁷.	indem es durch die Taufe das Böse abwäscht oder durch Tränen.
275	Hanc latus ut fudit per eam sibi gratia ludit.	Wie es aus der Seite fliesst, so spielt durch das Wasser die Gnade
276	Ludo patris Adę mala quo nullantur et Aevę.*	durch das Spiel²⁴⁸ des Vaters, durch welches die Schuld Adams und Evas getilgt wird.
277	Hęc via virtutis²⁴⁹ hęc spes sine fine salutis.	Dies ist der Weg der Tugend, dies die Hoffnung auf Heil ohne Ende.
278	Hęc²⁵⁰ vino mixto dulcissima potio Christo.	Durch die Mischung mit Wein ist dies der angenehmste Trunk für Christus,
	[S. 197]	
279	Dulcis et immanis comes est si gratia²⁵¹ panis.	wenn die Gnade des Brots sein angenehmer und gewaltiger Begleiter ist.
280	His missas domino persolvimus unice trino.	Mit diesen [Wasser, Wein und Brot] feiern wir die Messen für den dreieinen Herrn.

Pneumatis ē hic ros: ubi uult cadit. atq; rigat nos
Fac dee p̄ nert tas lapsis frigescere flammas
Auri uis pura gemmaru sit tibi dura
Da feno & ligno sim purgatoriu signis
Fixa uel immotas sit sedo suaue Dicta in debitu
E ius & in nolle non ē mutabile uelle
Si prece mutatur: hoc presciu ipse operatur
Flectitur ergo uiru p amore uoce bonoru
Esuriens homini sitiens q; pius misereri
Sed q̄d mutauit hoc ante sciendo dicauit
N... arbitrius uis· officit· ante dicatus
Qui prius & cuncta uidendo dicauit
Spes bona· mandatu nimis in dulcedine latum
P qua n̄ mota in prece mutamus deitatem
Hęc spes cottidie· figatur ut anchora corde
Spes hoste seuum galeata repell-
Spe fide iuncta: superat dilect- cuncta
Spes faui atq; fiat: faueat que maior ab his est

Benedictiones ad mensas. Ymmon abbati de sc̄o

. no.
o. fratri germano compacte rogantı
                discordia t inimicitias
n sinat offensas supphas ds affore mensas
  aliu
rgiter inpensis assit benedictio mensis.
te sup pansas repleat benedictio mensas
       tus   il   sit   is
positi panes sint damna paranis inanes.
  tunc esum
munus panu faciat benedictio sanum
                t sit frandis & hostis
bum cum pane non sit uirtutis inane:
                      pceptio
is & sanis bona sit benedictio panis
ane panis tortam faciat benedicio fortis
ze xpe manum tortus benedicere panu
       in lune modi facti
em lunatum faciat benedictio gratum   tu
        ce sucin bror
noter elixeum benedica o p e fixum
eat hoc frixu benedictio cu mixtu
     rex xpe   olu leuat sic fex
m fac gratu crux sca p oua leuatu
ruce signatus panis de fece leuatus.
     leuatu fermtm
fermentatu faciat benedictio gratu
   f fch latas faciat dulce dine gratas
na signet cruce pascha t memoretur.
em de spelta repleat benedictio multa
iceum pane faciat crux pestis inanem
           mpteas t solidet
men diuinum signet pane sigalinum

Ordea si panes fuerint. sint pestis in anes.

Robore sit plena fuerit si panis auena.

Omne genus panis repleat benedictio donis.

Iste recens coctus cruce panis sit benedictus.

Hic gelidus panis sit pestis & hostis in anis.

Este procul xpe. sit sub anerraus iste

Ille ue nil uanu uiolet tot fragmina panum

Fratru fragmitas assit manus oinpotentis

Sit cunctoru fons largitorq; bonoru

Sit cibus & potus noster benedictio totius.

Omne qd appo scū cruce scā sit benedict

Sit nr ut uis uirtute crucis benedictus.

Hunc salus ipsa sale. faciat n exitialem

Istam salsuram faciat benedictio purum

Os benedic pisces qui aequora misces

Sit cruce millena benedicta marina Balena

Danubii piscis sit Huso saporus in escis

Salmo piscis sit sanus & aptus in escis

Fortis in Esocem mittat benedictio Vocem

faciat gratiā dā fungi dulcedine in scā

...anch pre cellat Ale manni cū & mala pellat
...nnibus unus aquis sit lucius esca suauis
...rux faciat sanā uirtute potente Ru bulgrā Crux
...m predā rara nimiū benedic dee caram
...ultiplici troctam cruce sumamus benedictam
...nne genus Trocte benedic sup oma macte
...salsus piscis bonus. Almarinus in escis.

...dulcis prorsus piscis dee sic sale morsus
...nguillas gratas fac crux nauues oculatas
...rela sup stante signet crux sca natante Luo lam̄
... in anguillā dextrā qui condidit illam.
...rs piscis nris benedicta sit escus
... sanat bene perca dē in dulcedine par ea
... pisces coctu cruce sumamus benedictū
...ne rubri cū coctu factus fore fac benedictū
...cisa de est assus benedicat eū cruce passus
... cruoris nescas faciat qui condidit escas
...cis sit gratus crucis hac uirtute notatus
...es sint grati studio piperati
...cis sit gratus signo dn̄i piperatus
...nc iua laram crassam fratres cruce sumite pressā
...ciculis tantis crux obuiet a tonantis
...b cruce fē bre sine sit crundula cū capitone
...ia coctoru benedic dee piscaculoru captoru
...t benedicta sibi caro piscis uoce salubri
...nne natans ferinus licitu benedicat & unus
...cibus equi pares benedic rex xpe uolucres
... hanc signet
...ux benedicat auem faciatq; sapore suauem
... dapes in
...noceat stomachis caro n digesta auonis

Coturnix simulat se claudā. Vt post se currentes a pullis abducat
    l. pauo albus
S it stomachissana cruce nobilis hęc phasiana
I ste cibus Cigni noceat nihil arte maligni
F Anseris il lęsus nris sit faucibus esus   anser
  auce malum rauca nullū paret hęc d? e   luca
C rux benedicta Cruem benedic faciendo salubre
F scis decretam benedicat xpc Anetam
S it dulcis pnix simulata clauda Coturnix
P neuma potens propria benedic Virtute Columbam
T urtureis paribus benedicat trinus & unus
O mne Columbinum dns benedicat in unū
G allina cocta sacra crux faciat benedictā
C astrati Galli sit nam caro noxia nulli
P lurima tantillis assit benedictio pullis
S it bona se functus uolucrina comestio cunctis
S ub niue se pernix mersans sapiat bene perdix
I n tantillis de e mille cruces uolucellis
   Nil noceant ulli de cibis uolucelli
C rux faciat salubres quib; ē sua forma uoluere
S ub cruce sit scm lic tale uolatile cunctū
S it Bouis illęsus stomacho solubilis esus   [ter
  Sub cruce diuina caro sit bene dicta bouī
  inpinguet vitalia Crucis alma figura tenellum

...gna crucis mille carni societ̃ ouillę
...ṡe crucis signū depinxeris hunc sup Agnū
...mne malū pelle dr̃ hac de carne capellę
...ux sacra nos lędi uetet his de carnib, ſ di
...t cibus illesus Caper & sanabilis esus
...ma qui cernis benedic crustamina carnis
...ps sermo coc̃t super mont& armo
...tus adest porcus, pcul hinc Satan absit & res
...r sacra uexilla caro sit benedicta suilla
...uitelle porci, pcul c̃ ius sit dolus Orex
...xtera p̃ cellū benedicat sumat̃ne
...rdū lix& d̃ faciat benedictus gr̃ttū
...rnes conflictã cruce sumant benedictas
...nc uer n̄ massa dulce faciat d̃s assam
...rs uer nĩs cocta cruce x̃pi sit benedicta
...n cruce... gent& assa uer caro x̃pm
...rnibus...
...b cruce diuina benedicta sit ista ferina
...semel & rursus cruce sit medicabilis ursus
...enedictis...morant sanū nulli q̃ nocerit

190   pe tuleus
Dentem onet Aper cruce tactus sit mīnus af-
       t uo
Cerui curra cis caro sit benedictio pacis
H   sata
   Satan & laruę fugiant crustamina Ceruę
S   t
   Signet ÿesoncem benedictio cornipotentem
D   sit t benedicat
   Extra di ueri comesaſ carnibus Vri
S   crucis hoc signamine
   Tt bos siluanus sub trino nomine sanus
S   sub
   Tt feralis equi caro dulcis in hac cruce xpi
I
   Imbecillem Dammā faciat benedictio summā
C
   Apreus ad satrū benedictus sit celer altum
S
   Et cibus ille sus Capreę sit amabilis esus
C   det
   Apreoli uescam dent se comedentibus escam
C
   Arnes yerbicum nihil attulerint inimicū
P   sera alpina
   Ernix Cam bissa bona sis elixa uel assa
S   sub cruce diuina caro dulcis sit leporina
   Lpinū Cassum faciat benedictio crassum
A   crucis cū nis robore sana
S
H oc mulctro lactis sit uita uigor q̄ refectis Iter
                lactando
P
E rimttus hoc macti memores benedicite lacti
H   H ęc   ęſ
   Hunc Caseum dextra signet dś intus & extra
P   lumbis renibꝰ
   Artunat nullos lactis pressura lapillos
M   Mel Pip & ÿinu lac dant minus esse noci uu
   Lactis pressuram crux melle prīmat nocturam
O   prime sumetur caseus si melle

mage ca pmu medi ci p hi bene fore sanum
c mel dulcoret ds. ut sine peste saporet
c mil lenaru bene die deo mel specieru
stia q pelis benedic dee nectara mollis
    xpe sauis benedic. sauuis ipse suauis
tabus & luttis. nuueis benedictio guttis
ngatur leto benedictio leta moreto
    † cali dos q
acia feruores inflet. quoscuq liquores
c pigmentatum faciat uinx dedita gratum
e cibos factos q artis. fac benedictos
nia sint grata pfusa p hec piperata
    † gusta † triphi condimen acetu
namus lea. mixta nor denus acetu
ux dni Sinapis iungatur morsibus acris
        † una
t pinsis erbis salus ipsa sit addita uerbis
tam mixtura. faciat benedicno pura
pinsis
 cruce pigmtis assit in anus omptentis
pime   † assine signe
a ce. co mentis crucis assit   Placitos
                li bemus
  cruce signata comedamus Adorea grata
        ũ   ũ
 spe natiua benedicat conditor oua
 pe tuu numen cruce condiat ome legum
    fabas benedic qs ipse creabas
ne speciem ciceris benedic q cuncta tueris

Crux dni pisas descendat in has numerosas
Efficę in uisas. petrus benedic deo pisas. Vessicę
Extra cibos lentis. benedicat cuncti potentis.
Sit matu sit uendentu benedictio lenti
Sit primo gentia uendens. rubra coctus lenta
    + cruce suma
Hoc Milium coctum sup oma sit benedictū
    Non peryeti milium febris ulli frigus æ est
Xpe habitans cę lū solabere triste phaselū
Sint cruce sub sca benedicta legumina cuncta
Arboribus lecta sint dona dī benedicta Item
Hęc pie xpe doma sint nobis mitia poma
Hunc Oleę fructum faciat lux pax benedictū
A letre de roma sint mitia Cedria poma
Cedria uirtute dent poma sicut ipsi saluti
Ficorum grossis benedictio. gratia massis
Assit Dactilicis palmaru gratia grossis
    Crux sacra
Appropiare Botris sit nulla licentia tetris
Mala Granata faciat benedictio grata
Malorum species faciat benedictio dulces
Conditor ipse pyra faciat mollescere dura
    Ad lapides pira uessicę torpeati ira. M. lapidū
Malis iuncta pira stomachi non sentiat ira
    rum bona sit uessica pirorum.

cruce sint sana tenera lanugine mala
taneas molles fac qui sup oma polles
ficeus fructus cruce sca sit benedictus
estas una benedicat cerea pruna
tua dextra benedic cerasia nostra
erie tellus dedit hec italisq; Lucullus
Amarinas cruce mulceat Hiberianas
in Auellanas ueniens det eas fore sanas
tia trina Nuces sibi partas det fore dulces
dedit in flores nux plurima seruet honores
genus omne nucu specie distans benedictu
umaticus feruor foueat que qsq; dat arbor
stu radices faciat crux has fore dulces · Item
seminis hanc specie dñs det ser re salute
holeris semen stomacho fac xpe leuamen
ab cruce diuina benedicta sit hec medicina
mus ab hac erba dator oma pellat acerba
roru fructus sca cruce sit benedictus
benedicat holus q cuncta creat bona solus
osseu crudos lorros crux det febre nudos
replead benedictio fungos
es omnigenas faciat benedictio sanas

Xpe potens pones sup hos tua signa pones
Virtute stomachis solita dent allia lassis
Domine sit dñi benedicta cucurbita sumi
Lactucis horti benedictio sit cruce forti
Concisas erbas In acetu crux det acerbas
Ad crucis hoc signu fugiat procul omne malignu
Omne suu munus benedicat trinus & unus
Letitiam dñi sapiant hec pocula uini
It nr potus dñi benedictio totus
Ea di dextra benedicat pocula nra
Hanc in potu repleat benedictio totu
Xpe tuum rore sup hunc effunde liquore
Vini torhec mitis benedicat munera uitis
Tribus enatu
Haurite de uera gaudia uite
Misceat interna dñs hec uirtute phalerna
Munere diuino sit huic benedictio uino
Crux det in hoc mustu placida dulcedine gustum
Qua sapiant gusta condita pneumate musta
Hunc uitis haustu faciat noua gratia faustu
Nesciat hec Bromius fugiat charchesia Bachus

                    rubeo
… m placeat xpo niueo benedicere musto·
… sta recens hausta faciat benedictio fausta
                    t benedic
… hiesu musta bona fac & uina uetusta·
… a uetustatis bona sint simul & nouitatis·
… neumatis ebrietas mentes det sobrie letas·
… ditor hoc uinu confortet in omne uenenu·
… cor faciat letu ut uia dei uite te metu·
… mixtura sit perflua potio pura·
… pigmentatu supero sit rore rigatu·
… ce Sauinatu faciat benedictio gratu·
              sic
… um pomoru … sapori
              qd uocant mora …
… o facta moris· superi sit plena saporis·
              uinu coctu· caput potu
… ninis hoc lassum caput efficiat fore lassu
              dat
… uma suu rorem det in hunc spirando Medoñ
… le sapora bonis sint pocula sana Medonis·
… ecras· In Mulsa bibat · i · melle & aqua bauente & mulsa…
… tra di celsa uelit hec benedicere Mulsa·
… …
              ·i· er dea cet cerues̄a
… tis ab inuicta cruce Coelia sit benedicta·
… bria qua
… p̄ hanc fortes subiit Numantia mortes·
              t benedictio
… ti me prouise uix gratia sit Cereuise
… bene prouise· confusio sit Ceruise·
… a ē Ut Aug … Cuius … opu…is exp̄ssis· Qui
… e digestu… Ut Vinu … …urnu.is ḋat …

Cor faciat clarum potus sincerus aquarum· Item
Hunc haustum fontis· mundet manus omnipotens·
Nulli fons uiuus stomacho sit xpe nociuus· Timothee
Frigidus iste calix mercede sit unice felix·
Timotheo uinum paulus dat medicinam
Pneumatis has mundas faciat fore ros sacer undas
Pluris quam uina· fontana ualet medicina Dictam
Vinu letificat cor· fons sui duplice saluat·
Nudo cum pane fons cor confortat in arte·
Firmat cor hominis aqua cum gustamine panis·
Nulla creatura preciatur aqua mage pura
Corpus aqua duxit· anime morbos q curat
Hec est· qua uitam paradysus reddit auitam
In cruce sole mea uade dum diuidit amnes·
Efficit et sacri ... lauacra·
Hanc latus ut iudit· pcam sibi gratia ludit·
Aut baptizando mala tergens aut lacrimando
Hec uia uirtutis ... sine fine salutis
Hec uino myrto dulcissima potio xpo·

                              fractio
...cis & immanis comes est sacra panis·
missas dño psolumus unice trino·
...sus ad Picturas Domus dñi Mogontine· Vete-
...s testamti & noui· Aribone archiepo luben-
...e modulati· Elegantq́ picturis conueniant
                              est
...n incipio rerum lux primo facta Dierum·
...rida cu celis   genus & Michahelis
...ciferum uerbis temerante sceptra superbis·
...primo f́ore Plasmator nudat honore·
              firmamto   die sine sole
...templet mundo solidatur forma secunda
...Polum Aeris complexibus alligat aeris
   dies sepe sole
...a telluris dies & maris aucta figuris·
            dix & factas
...dñi uerba· surrexit & arbor & erba
            die
...ta Sol reducis   era coma
      luce
...m sibi non una facie rapit obuia luna
              die
...ma re tantum surgunt speciesq́ natantum
                 sur cru
...ibus   pares sed dispare sorte uolucres·
...ta dies pecudum genus edidit atq́ ferarum
                          cui
...c homo primus uiuit piramine limus·

Anhang

Anmerkungen

1. Wetti, die Lebensgeschichte des heiligen Gallus, übers. von Franziska Schnoor, in: Der heilige Gallus 612/2012. Leben – Legende – Kult, hg. von Franziska Schnoor, Karl Schmuki und Ernst Tremp, St. Gallen 2011, S. 167–193, hier Kap. 11–12 auf S. 174–175; Walahfrid Strabo, Vita sancti Galli. Das Leben des heiligen Gallus. hg. und übers. von Franziska Schnoor, komm. von Ernst Tremp, Stuttgart 2012, hier Kap. 11–12 auf S. 46–53.
2. Fritz Curschmann, Hungersnöte im Mittelalter. Ein Beitrag zur deutschen Wirtschaftsgeschichte des 8. bis 13. Jahrhunderts, Leipzig 1900 (Neudruck Aalen 1970).
3. Walahfrid Strabo, Vita sancti Otmari abbatis, in: Sankt Otmar. Die Quellen zu seinem Leben, hg. und übers. von Johannes Duft, Zürich 1959, S. 22–39, S. 34–35 (Kapitel 6).
4. Ekkehart IV., St. Galler Klostergeschichten (Casus sancti Galli), hg. und übers. von Hans F. Haefele, Ernst Tremp und Franziska Schnoor, Wiesbaden 2020, S. 368–369. Zur Thematik des gemeinsamen Trinkens vgl. Bernhard Bischoff, Caritas-Lieder, in: Ders., Mittelalterliche Studien. Ausgewählte Aufsätze zur Schriftkunde und Literaturgeschichte, Bd. 2, Stuttgart 1967, S. 56–77.
5. Literatur: Dominik Flammer, Kulinarische Entdeckungen: St. Galler Mönche im barocken Neapel, in: Peter Erhart und Jakob Kuratli Hüeblin, Vedi Napoli e poi muori. Grand Tour der Mönche, St. Gallen 2014, S. 169–175; Dominik Flammer, Die historischen Gemüsegärten der Schweiz, Aarau 2020; Dominik Flammer, Schweizer Käse, Aarau 2009; Norman Foster, Schlemmen hinter Klostermauern, Hamburg 1980; Dieter Hagenbach und Lucius Werthmüller, Albert Hofmann und sein LSD, Aarau 2011; Veit Harold Bauer, Das Antonius-Feuer in Kunst und Medizin, Heidelberg 1973; Johannes Haussleiter, Der Vegetarismus in der Antike, Berlin 1935; Herbert Heckmann, Die Freud des Essens. Ein kulturgeschichtliches Lesebuch vom Genuss der Speisen aber auch vom Leid des Hungers, München 1979; Massimo Montanari, Der Hunger und der Überfluss. Kulturgeschichte der Ernährung in Europa, München 1995; Ernst Schubert, Essen und Trinken im Mittelalter, Darmstadt 2010; Reay Tannahill, Kulturgeschichte des Essens, München 1979; Frederik E. Zeuner, History of Domesticated Animals, London 1963.
6. Ausgaben: Anne Schulz, Essen und Trinken im Mittelalter (1000–1300), Berlin 2011, S. 586–617, mit Übersetzung ins Deutsche von Paul-Gerd Jürging; Johannes Egli, Der Liber Benedictionum Ekkeharts IV. nebst den kleineren Dichtungen aus dem Codex Sangallensis 393, St. Gallen 1909, S. 281–315; Ferdinand Keller, Die Benedictiones ad mensas von Ekkehard IV., in: Mitteilungen der antiquarischen Gesellschaft in Zürich, Band 3, Heft 6, Zürich 1847, S. 100–121. Wichtige Literatur neben den Ausgaben: Stefan Weber, Ekkehart IV. und seine Benedictiones ad mensas, in: Ekkehart IV. von St. Gallen, hg. von Norbert Kössinger, Elke Krotz und Stephan Müller, Berlin 2015, S. 323–371; Stefan Weber, Ekkehardus poeta qui et doctus. Ekkehart IV. von St. Gallen und sein gelehrt poetisches Wirken, Nordhausen 2003; Ernst Schulz, Über die Dichtungen Ekkeharts IV. von St. Gallen, in: Corona Quernea. Festgabe für Karls Strecker, zum 80. Geburtstag dargebracht, Leipzig 1941. Eine volkstümliche Zusammenfassung findet sich bei Bernhard Kobler, Die Stadt zwischen Berg und Tal, St. Gallen 1956, S. 12–33.
7. Weber, Ekkehart IV. (Anm. 6), S. 325–326.
8. Weber, Ekkehardus poeta (Anm. 6), S. 10.
9. Karl Schmuki, Der Liber Benedictionum des St. Galler Mönchs Ekkeharts IV., in Karl Schmuki, Peter Ochsenbein und Cornel Dora, Cimelia Sangallensia, Hundert Kostbarkeiten der Stiftsbibliothek St. Gallen, St. Gallen 1998, S. 124–125.
10. Die Enzyklopädie des Isidor von Sevilla, übersetzt von Lenelotte Möller, Wiesbaden 2008, S. 709–710.
11. Ernst Robert Curtius, Europäisches Literatur und lateinisches Mittelalter, Bern 01984, S. 487.
12. Die Enzyklopädie des Isidor von Sevilla, übers. Möller (Anm. 10), S. 577.
13. Ebd.
14. Schulz, Dichtungen Ekkeharts IV. (Anm. 6); Weber, Ekkehart IV. (Anm. 6), S. 347–357.
15. Schulz, Dichtungen Ekkeharts IV. (Anm. 6), Schulz, Essen und Trinken im Mittelalter (Anm. 6); S. 218; Weber, Ekkehart IV. (Anm. 6), S. 325–371, hier S. 325; Weber, Ekkehardus poeta (Anm. 6), S. 34.
16. Weber, Ekkehart IV. (Anm. 6), S. 344–345.
17. Art. Fusswaschung, in: Lexikon der christlichen Ikonographie, hg. von Engelbert Kirschbaum, Bd. 2, Rom 1970, Sp. 60–72.
18. Schubert, Essen und Trinken (Anm. 5), S. 257–258; Melitta Weiss Adamson, Food in Medieval Times, Westport 2004, S. 160; Guido Fuchs, Mahlkultur. Tischgebet und Tischritual, Regensburg 1998, S. 192.
19. Schubert, Vom Essen und Trinken (Anm. 5), S. 255–260; Weiss Adamson, Food in Medieval Times (Anm. 18), S. 156–170.
20. Ernst Tremp, Der St. Galler Klosterplan, St. Gallen 2014, S. 19; Fuchs, Mahlkultur (Anm. 18), S. 170–280, hier S. 173–176.
21. Schubert, Vom Essen und Trinken (Anm. 5), S. 245–247; Weiss Adamson, Food in Medieval Times (Anm. 18), S. 155–156.
22. Fuchs, Mahlkultur (Anm. 18), S. 25–121; Heiler, Das Gebet. Eine religionsgeschichtliche und religionspsychologische Untersuchung, 3. Auflage, München 1921, S. 45, 95–96, 193–194.
23. Schubert, Vom Essen und Trinken (Anm. 5), S. 242.
24. Dazu allgemein Weiss Adamson, Food in Medieval Times (Anm. 18), S. 185–197.
25. Art. Fasten in: Wikipedia, https://de.wikipedia.org/wiki/Fasten (13.2.24).
26. Weiss Adamson, Food in Medieval Times (Anm. 18), S. 186, 197.
27. Ebd., S. 46–47.
28. Ebd., S. 188–189; Schubert, Vom Essen und Trinken (Anm. 5), S. 105. Walter Dürig, Art. Fasten, in Lexikon des Mittelalters, Bd. 4, München 1989, Sp. 304; Anselm Grün, Fasten IV. Historisch-theologisch, in: Lexikon für Theologie und Kirche, Sp. 1189–1191.
29. Die lateinisch-althochdeutsche Benediktinerregel Stiftsbibliothek St. Gallen Cod. 916, hg. von Achim Masser, Göttingen 1997.
30. Ebd., S. 52–60.

31 Die Benediktusregel = Regula benedicti. Lateinisch/deutsch, hg. im Auftrag der Salzburger Äbtekonferenz, Beuron ⁴2006, S. 200-201.
32 Edition und Übersetzung: Ekkehart IV., St. Galler Klostergeschichten, hg. Haefele/Tremp/Schnoor (Anm. 4). Die Visitationen behandelt Ekkehart im letzten Drittel der *Casus*.
33 Milo ist als Abt weiter nicht belegt; vgl. ebd., S. 439.
34 Kap. 105, ebd., S. 438-439.
35 Kap. 105 und 106, ebd., S. 440-443.
36 Kap. 137-143, bes. Kap. 140 und 143, ebd., S. 518-535, bes. S. 526-527 und 532-535.
37 Vgl. Ernst Hellgardt, Die *Casus Sancti Galli* Ekkeharts IV. und die *Benediktsregel*, in: Literarische Kommunikation und soziale Interaktion. Studien zur Institutionalität mittelalterlicher Literatur, hg. von Beate Kellner u. a., Frankfurt am Main 2001, S. 27-50, hier S. 46. Hellgardts Interpretation übernimmt auch Ernst Tremp, Ekkehart IV. von St. Gallen († um 1060) und die monastische Reform, in: Studien und Mitteilungen zur Geschichte des Benediktinerordens und seiner Zweige 116 (2005), S. 67-88, hier S. 88.
38 Galluskloster und Gallusstadt, hg. von Ortsbürgergemeinde St. Gallen, Ortsgemeinde Straubenzell, Ortsgemeinde Tablat, St. Gallen, 2012; Ernst Ziegler, Zur Geschichte von Stift und Stadt St. Gallen – ein historisches Potpourri, Neujahrsblatt des Historischen Vereins des Kantons St. Gallen 143 (2003), vor allem S. 45-51.
39 Die Stadtbücher des 14. bis 17. Jahrhunderts, bearb. von Magdalen Bless-Grabher unter Mitarbeit von Stefan Sonderegger, Aarau 1995, S. 22.
40 St. Gallen, Stiftsbibliothek, Cod. Sang. 718, S. 412. Ähnliche Scherzverse an Texten, bei denen sich eine Katze an einen Hund wendet, sind auch in anderen mittelalterlichen Handschriften überliefert. Dort sind allerdings keine Bratwürste erwähnt, sondern es werden unspezifische Würste oder Kuchen als ungesund tituliert, so z.B. in 2° Cod. Ms. jurid. 214 von 1438 (HAB – Handschriftendatenbank – Handschrift goe-sub-jurid-214) oder in Cod. Bodmer 91 (Hugo von Trimberg: Der Renner; Johann Hartlieb: Alexanderroman von 1458).
41 Dazu allgemein: Schubert, Vom Essen und Trinken (Anm. 5), S. 169-237; Weiss Adamson, Food in Medieval Times (Anm. 18), S. 48-53.
42 Gunther Hirschfelder, Europäische Esskultur. Geschichte der Ernährung von der Steinzeit bis heute, Frankfurt 2005, S. 102-103; Schubert, Vom Essen und Trinken (Anm. 5), S. 169-172.
43 Schubert, Essen und Trinken (Anm. 5), S. 169-170.
44 Ebd., S. 171.
45 Ebd., S. 232.
46 Moretum war gemäss Ovid ein im Mörser hergestelltes mit Kräutern gewürztes Milch-/Käsegetränk. Vgl. Ovid, Fasti IV, 367-372 und das Gedicht eines Pseudo-Vergil mit dem Titel Moretum (ICL, Nr. 7517). Weber, Ekkehart IV. (Anm. 6), S. 350-351.
47 Hermann Bikel, Die Wirtschaftsverhältnisse des Klosters St. Gallen von der Gründung bis zum Ende des XIII. Jahrhunderts, Freiburg im Breisgau 1914, S. 104-106. Die erste Urkunde mit Weinabgaben betrifft Ebringen bei Freiburg im Breisgau und datiert aus der Zeit zwischen 716 und 721. Chartularium Sangallense, Band I (700-840), bearb. von Peter Erhart, Karl Heidecker und Bernhard Zeller, St. Gallen 2013, S. 1-2.
48 Weiss Adamson, Food in Medieval Times (Anm. 18), S. 49-51.
49 Hirschfelder, Europäische Esskultur (Anm. 42), S. 103.
50 Im ersten Vers des Dictamen debitum («Pflichtgedicht») BaM 265-280.
51 Literatur: Albert Hauser, Vom Essen und Trinken im alten Zürich, Zürich 1973; Hermann Jung, Bier. Kunst und Brauchtum, Dortmund 1976; Willibald Mathäser, Flüssiges Brot, München 1996.
52 Franz Meussdoerffer und Martin Zarnkow, Das Bier. Eine Geschichte von Hopfen und Malz, München ²2016, S. 20-23.
53 Meussdoerffer/Zarnkow, Bier (Anm. 53), S. 7-8.
54 Schubert, Essen und Trinken (Anm. 5), S. 208.
55 Übersetzung Cornel Dora. Jonas von Bobbio, Kolumbansvita, Kapitel 16. Edition: Lateinisch: Vitae Columbani abbatis discipulorumque eius libri II, in: Ionae Vitae sanctorum Columbani, Vedastis, Iohannis, hrsg. von Bruno Krusch, Hannover 1905, S. 82; Deutsch: Jonas von Bobbio, Das Leben des heiligen und seligen Abtes und Bekenners Kolumban, in: Frühes Mönchtum im Abendland. Bd. 2, Lebensgeschichten, hg. und übers. von Karl Suso Frank, Zürich 1975, S. 199. Das Bierwunder hat der Verfasser der Magnusvita in Kapitel 2 auf Magnus übertragen, vgl. Dorothea Walz, Auf den Spuren der Meister. Die Vita des heiligen Magnus von Füssen, Sigmaringen 1989, S. 104-109; Lorenz Hollenstein, Das Bier im frühmittelalterlichen Kloster St. Gallen, in: Theo Buff, Lorenz Hollenstein und Ernst Ziegler, Bier in St. Gallen. 1250 Jahre St. Galler Brautradition, St. Gallen 2004, S. 11-13; Meussdoerffer/Zarnkow, Bier (Anm. 53), S. 44-45.
56 *Ultime omnes duabus subito portis eruperunt, larga prius potione usi non vini, cuius ferax is locus non est, sed suco tritici per artem confecto, quem sucum a calefaciendo caeliam vocant.* («Schliesslich, brachen sie plötzlich durch zwei Tore aus. Sie hatten zuvor ausgiebig von einem Getränk Gebrauch gemacht, das nicht aus Weintrauben gepresst wird, die an diesem Ort nicht wachsen, sondern künstlich aus dem Saft des Weizens hergestellt wird, den sie Bier [caeliam] nennen, weil er durch erwärmen hergestellt wird»). Orose, Histoires (Contre les Païens), hg. und übers. von Marie-Pierre Arnaud-Lindet, 3 Bände, Paris 1990-1991, hier Bd. 2, S. 100; vgl. Pauli Orosii Historiarum adversus paganos libri VII, hg. von Karl Zangemeister, Leipzig 1889, S. 153.
57 Meussdoerffer/Zarnkow, Bier (Anm. 53), S. 46-47.
58 Ebd., S. 47.
59 Ekkehart IV., St. Galler Klostergeschichten, hg. Haefele/Tremp/Schnoor (Anm. 4), S. 154-157; vgl. Hermann Bikel, Die Wirtschaftsverhältnisse des Kloster St. Gallen (Anm. 47), S. 119.
60 Schubert, Essen und Trinken (Anm. 5), S. 171, 208.
61 Während von 700 bis 840 in 42 Fällen Bier als Abgabe festgelegt wurden, geschah dies von 841 bis 994 nur noch sechs Mal. Vgl. Stichwort cervisa im Register zur neuen Urkundenedition: Chartularium Sangallense, bearb. von Peter Erhart, Band II (841-999), hg. und komm. von Peter Erhart, Karl Heidecker, Rafael Wagner und Bernhard Zeller, St. Gallen 2021, S. 580; Hollenstein,

62 Bier (Anm. 55), S. 17, basiert auf der inzwischen überholten Edition von Wartmann.
62 Meussdoerffer/Zarnkow, Bier (Anm. 53), S. 47.
63 Literatur: David Mabberly und Barry Juniper, The Extraordinary Story of the Apple, London 2020; Karl Gutzwiller, Die Milchverarbeitung in der Schweiz, Schaffhausen 1923; Regula Zürcher, Von Apfelsaft bis Zollifilm. Frauen für die Volksgesundheit, Bern 1996.
64 So in der Einheitsübersetzung der Heiligen Schrift 2016, Gen 2 und 3.
65 Gargilius, Gesundheit aus dem Garten, Lateinisch / Deutsch, hg. und übersetzt von Kai Brodersen, Ditzingen 2022, S. 7-10, De malo S. 110-112; Gargilius Martialis, Les remèdes tirés des légumes et des fruits, hg., übersetzt und kommentiert von Brigitte Maire, Paris 2002, S. 9-14, De malo S. 57-59, hier S. 57
66 Gargilius, hg. Maire (Anm. 65), S. LXV-CV, die allerdings nicht genügend klar macht, dass zwei ältere Handschriften in Neapel und Bamberg nur kurze Fragmente enthalten.
67 Gargilius, hg. Brodersen (Anm 65), S. 17-18 (Einleitung) und S. 154-187.
68 Jonas, Kolumban, hg. Frank (Anm. 55), S. 190 und 225; Walz, Auf den Spuren der Meister (Anm. 55), S. 108-111.
69 Die Benediktsregel, Lateinisch/Deutsch, mit der Übersetzung der Salzburger Äbtekonferenz, hg. P. Ulrich Faust OSB, Stuttgart 2009, S. 103.
70 Besten Dank an Almut Mikeleitis-Winter, Leipzig, für die Mitteilung über *muos*. Überblick zum Wort Mus vgl. Fritz Ruf, «Die sehr gekannte dientliche Löffelspeise», Verlbert Neviges 1989, S. 14-15.
71 Literatur: Hauser, Vom Essen und Trinken im alten Zürich (Anm. 51); Howard Markel, The Kelloggs. The Battling Brothers of Battle Creek, Michigan 2018; Dominik Flammer, Das kulinarische Erbe der Alpen, Zürich 2012; Georges Gibault, Histoire des légumes, Paris 2015.
72 Ruth Schmidt-Wiegand, Art. Lex Salica, in: Handwörterbuch zur Deutschen Rechtsgeschichte, hg. von Adalbert Erler und Ekkehard Kaufmann, Bd. 2, Berlin 1978, Sp. 1949-1962, hier v.a. Sp. 1956. Edition: MGH LL nat. Germ. 4,2.
73 Das Wort *atfaþmiam* bedeutet «umarmen» und stammt aus dem Fränkischen. Ruth Schmidt-Wiegand, Art. Affatomie, in: Handwörterbuch Rechtsgeschichte, 2. Auflage, Berlin 2008, Sp. 81-82; Clausdieter Schott, Kindesannahme - Adoption - Wahlkindschaft. Rechtsgeschichte und Rechtsgeschichten, Frankfurt a. M. 2009, S. 18-19. Die bei der Affatomie zentrale Ritualisierung des Wurfs einer Festuca wird bei Schmidt-Wiegand als Stabwurf interpretiert, *festuca* hingegen hat auch die Bedeutung Grasbüschel.
74 Adrian Schmidt-Recla, Mancipatio familae und Affatomie. Überlegungen zu Parallelentwicklungen im römischen und fränkischen Recht und zu Rezeptionsbedingungen im Frühmittelalter, in: Leges - Gentes - Regna. Zur Rolle von germanischen Rechtsgewohnheiten und lateinischer Schrifttradition bei der Ausbildung der frühmittelalterlichen Rechtskultur, hg. vor. Gerhard Dilcher und Eva-Maria Distler, Berlin 2006, S. 461-486, zum Ritual der Affatomie S. 473-477.
75 Karl Ubl, Die erste Leges-Reform Karls des Großen, in: Andreas Speer, Guy Guldentops (Hg.), Das Gesetz - The Law - La Loi, Berlin, Boston 2014, S. 75-92, argumentiert für die Entstehung der vorliegenden Fassung im Jahr 789, bei dem unter Karl ein erster «legislatorischer Schub» (S. 82) auszumachen sei, umfassend insbes. auch kulturgeschichtlich zum fränkischen Recht: Karl Ubl, Sinnstiftungen eines Rechtsbuchs. Die Lex Salica im Frankenreich, Ostfildern 2017.
76 Beide Bücher wurden zusammen mit dem Büchernachlass von Tschudi 1768 vom Abt von St. Gallen gekauft und gelangten so zurück in die Stiftsbibliothek. Philipp Lenz, Stefania Ortelli, Cod. Sang. 729, in: Die Handschriften der Stiftsbibliothek St. Gallen, Bd. 3, Wiesbaden 2014, S. 247-251, hier S. 248-249.
77 Literatur: Hauser, Vom Essen und Trinken im alten Zürich (Anm. 51); Gustav Müller, Das Brot im Baselbieter Volksleben, in: Schweizerisches Archiv für Volkskunde 37 (1939/40), S. 1-24.
78 Eine Schweizer Kleinepiksammlung des 15. Jahrhunderts, hg. von Hanns Fischer, Tübingen 1965. Es wird nach der Handschrift zitiert.
79 Johannes Janota, Art. Schweizer Anonymus, in: Verfasserlexikon, Bd. 8, Sp. 931-942; Mike Malmi: Art. Schweizer Anonymus, in: Deutsches Literatur-Lexikon, Bd. 5. Das Mittelalter. Autoren und Werke nach Themenkreisen und Gattungen, Berlin/Boston 2013, Sp. 1649-1655.
80 Weiter zum Kontext: Die Kleinepiksammlung schliesst direkt an die im ersten Teil der Handschrift enthaltene Fabelsammlung «Der Edelstein» an. Der Schweizer Anonymus hat sich womöglich im Rahmen der Abschrift der Erzählungen von dem Berner Dominikaners Ulrich Boner (erste Hälfte 15. Jh.) formal und aber auch inhaltlich inspirieren lassen und wohl in der Folge seine Sammlung geschrieben. Vgl. Susanne Reichlin, Semantik, Materialität und Prozessualität des Weiterschreibens in der «Schweizer Kleinepiksammlung», in: Finden - Gestalten - Vermitteln. Schreibprozesse und ihre Brechungen in der mittelalterlichen Überlieferung, hg. von Eckart Conrad Lutz, Suanne Köbele und Klaus Ridder, Berlin 2012, S. 437-465; Kathrin Schlecht, *Das ich ouch bischaft mach*. Lesevorgänge und gedankliche Interferenzen am Beispiel des «Schweizer Anonymus», in: Eckart Conrad Lutz, Martina Backes, Stefan Matter, Lesevorgänge. Prozesse des Erkennens in mittelalterlichen Texten, Bildern und Handschriften, Zürich 2010, S. 315-332.
81 Die Enzyklopädie des Isidor von Sevilla, übers. Möller (Anm. 10), S. 710. Der Umbruch mitten im Satz vor 21 und die darauffolgende eckige Klammern sind so in der zitierten Übersetzung.
82 Alois Walde, Lateinisches etymologisches Wörterbuch, 2. umgearb. Auflage, Heidelberg 1910, zu *carnis* vgl. *caro*: S. 133; zu *crudus* bzw. *cruor*: S. 203-204; zu *coctum* vgl. *coquo*: S. 190-191, zu *assum* vgl. *assus* bzw. *areo*: S. 65 bzw. 59; zu *elixus* bzw. *liqueo*, *lixa*: S. 252 und 435; zu *frixus* bzw. *frigo*: S. 317; zu *sal*: S. 671; zu *rancidus* bzw. *rancens*: S. 641; zu *succidia* bzw. *sucidia*: S. 751-752; zu *lardum*: *laridum* bzw. *lardum*: S. 414.
83 Literatur: Norman Foster, Schlemmen hinter Klostermauern. Die unbekannten Quellen europäischer Kochkunst, Hamburg 1980; Hanspeter Greb et. al., Wilen - Der Vogelherd und das Lerchenfeld. Kulturgeschichte zum Vogelfang und zur Vogeljagd aus unserem Lebensraum, Wilen 2003.

84 Kritische Edition mit deutscher Übersetzung und Einleitung in lateinischer Sprache: Anthimus, De observatione ciborum ad Theodoricum regem Francorum epistula, hg. und übers. von Eduard Liechtenhan, Berlin 1963 (zu Anthimus dort S. IX–X). Edition mit englischer Übersetzung und ausführlicher Einleitung: Anthimus, De obseruatione ciborum. On the Observance of Foods, übers. und hg. von Mark Grant, Blackawton 1996 (zu Anthimus dort S. 12–21).
85 Beschreibung der Handschrift: Augusto Beccaria, I codici di medicina del periodo presalernitano, Rom 1956, S. 388–390.
86 Anthimus, De observatione ciborum, hg. Liechtenhan (Anm 84), S. 40 und 41.
87 Ebd., S. 36.
88 Ebd., S. 37–38.
89 Vgl. Gustav Scherrer, Verzeichniss der Handschriften der Stiftsbibliothek von St. Gallen, Halle 1875, S. 252 und 307.
90 Literatur: Thomas Vaterlaus und Monika Schiess, Der See, das Dorf und sein Fest. Ermatingen und der grosse Groppenumzug, Zürich 2004; Hauser, Vom Essen und Trinken im alten Zürich (Anm. 51).
91 Zur Handschrift vgl. die Kurzbeschreibung von Karl Schmuki, www.e-codices.unifr.ch/de/csg/0026 (7.2.24).
92 Zu den Fischkalendern und ihrer Überlieferung vgl. Ernest Wickersheimer, Zur spätmittelalterlichen Fischdiätetik, in: Sudhoffs Archiv für Geschichte der Medizin und der Naturwissenschaften 47 (1963), S. 411–416, hier S. 412–415.
93 Die Identifikationen ebd., S. 414–415.
94 Vgl. Felix Stoffel, Die Fischereiverhältnisse des Bodensees unter besonderer Berücksichtigung der an ihm bestehenden Hoheitsrechte. Historisch-dogmatische Studie, Bern 1906. Stoffel unterteilt die Fischereirechte in eine St. Gallergruppe, eine Konstanzergruppe und eine Lindauergruppe. Selbst innerhalb der St. Gallergruppe teilte sich der Abt von St. Gallen die Rechte mit dem Bischof von Konstanz und den Vögten im Thurgau (vgl. ebd., S. 8).
95 Zu den Fischweihern des Klosters St. Gallen vgl. Kathrin Moeschlin, Vivaria – Fischweiher, St. Gallen 2021.
96 Literatur: Johannes Haussleiter, Der Vegetarismus in der Antike, Berlin 1935; Albert Hauser, Bauerngärten der Schweiz, Ursprung, Entwicklung und Bedeutung, Zürich 1976; Dominik Flammer, Die historischen Gemüsegärten der Schweiz, Zürich 2020. Zu Gemüse allgemein: Diedrich Saalfeld, Art. Obst und Gemüse, in: Lexikon des Mittelalters, Bd. 6, Stuttgart, Sp. 1340–1342; zum Salat: Eszter Kisbán, Phasen des Wandels der Nahrungsgewohnheiten in Mitteleuropa. Ein Vergleich zwischen Nordwestdeutschland und Ungarn, in: Günter Wiegelmann (Hg.), Wandel der Alltagskultur seit dem Mittelalter, Münster 1987, S. 179–199, hier: S. 182–183; Udelgard Körber-Grohne, Nutzpflanzen in Deutschland. Von der Vorgeschichte bis heute, Hamburg 2001, S. 171–298; Karl-Heinz Steinmetz, Dedi vobis herbas ut sint in escam. Gastrosophische Notizen zum Salat, in: Gerichte mit Geschichte. Transkulturelle Quellenstudien zur historischen Kulinarik und Diätik, hg. von Andrea Hofmeister-Winter, Graz 2022, S. 213–225.
97 Klaus Koch, Daniel, 1. Teilband: Dan 1–4, Neukirchen-Vluyn 2005, S. 8, Anm. b und S. 52–53 und S. 60 und S. 62–64.
98 Wichtigste Handschrift ist Stuttgart, Württembergische Landesbibliothek, Cod. bibl. fol. 58, digitalisiert als http://digital.wlb-stuttgart.de/purl/bsz332502295, Bl. 131vb, Z. 39–Bl. 133ra, Z. 36, hier Bl. 132ra. Dafür, dass diese Vita von Ekkehart I. von St. Gallen in den 960er-Jahren verfasst worden war, aber in der Bearbeitung (aus Anlass der Heiligsprechung von 1047?) von Ekkehart IV. von St. Gallen auf uns gekommen ist, argumentiert ausführlich Walter Berschin, Das Verfasserproblem der Vita S. Wiboradae, in: Zeitschrift für schweizerische Kirchengeschichte 66 (1972), S. 250–277.
99 Die erzählerische Transformation der Daniel-Episode in eine Legenden-Episode über eine christliche Heilige ist schon vorgebildet in der Vita Radegundis des Venantius Fortunatus (Ekkehart, Vita S. Wiboradae, in: Vitae Sanctae Wiboradae, hg., übers. und komm. von Walter Berschin, St. Gallen 1983, S. 32–107, hier: S. 48a). – Die explizite Daniel-Anspielung in der Radegundis-Vita entschlüsselt Gerlinde Huber-Rebenich: Kommentar, in: Venantius Fortunatus, Vita sanctae Radegundis, hg., übers. und komm. von Gerlinde Huber-Rebenich, Stuttgart 2008, S. 53, Anm. 31.
100 Nach Gal 3,3 und 5,24. Die Motiv-Parallele erkannte schon Eva Irblich, Die Vitae sanctae Wiboradae. Ein Heiligen-Leben des 10. Jahrhunderts als Zeitbild, in: Schriften des Vereins für Geschichte des Bodensees und seiner Umgebung 88 (1970), S. 49–52, hier: S. 49, Anm. 94 und 95. Ihre Generalisierung der asketischen Motivation für die ganze Wiborada-Episode verkennt aber den Daniel-Hintergrund.
101 Herimannus, Vita Sanctę Wiboradę, in: Vitae Sanctae Wiboradae, hg., übers. und komm. von Walter Berschin, St. Gallen 1983, S. 110–231, hier: S. 136–139.
102 Fleisch und (Sauer-)Kraut findet sich als typisches Bauerngericht im zeitgenössisch südbairisch überlieferten Versroman Wernher der Gartenaere, Helmbrecht, hg. von Friedrich Panzer, Kurt Ruh und Hans-Joachim Ziegeler, Tübingen 1993, V. 867–869.
103 Edition: Friedrich Colner, Leben sant Wybrad, hg. von Barbara Christine Stocker, in: Dies., Friedrich Colner. Schreiber und Übersetzer in St. Gallen 1430–1436, Göppingen 1996, S. 169–350, hier: S. 209–210.
104 Zur Parzival-Überlieferung in dieser Handschrift ausführlich: Michael Stolz, Der Codex Sangallensis 857. Konturen einer bedeutenden mittelhochdeutschen Epenhandschrift, in: Ders., Parzival im Manuskript. Profile der Parzival-Überlieferung am Beispiel von fünf Handschriften des 13. bis 15. Jahrhunderts, Basel 2020, S. 17–76.
105 Edition: Wolfram von Eschenbach, Parzival. Studienausgabe, hg. von Karl Lachmann, komm. von Bernd Schirok und übers. von Peter Knecht, Berlin 2003, hier 484, 24–27.
106 Ebd., 485,7.
107 Ebd., 528,27–30.
108 Ebd., 551,20–21.
109 Ebd., 549,1–S. 552,4.
110 Auf eine ähnliche narrativ verbindende Funktion kommt für Kräuter Elisabeth Schmid, Wundheilungen im «Parzival». Gawan, Anfortas und die Heilkraft der

Kräuter, in: Heil und Heilung, hg. von Tobias Bulang und Regina Toepfer, Heidelberg 2020, S. 147-169, hier: S. 166 und 168-69.

111 Literatur: Karl Gutzwiller, Die Milchverarbeitung in der Schweiz und der Handel mit Milcherzeugnissen, Schaffhausen 1923; Dominik Flammer, Schweizer Käse, Aarau 2009.

112 Hans F. Haefele, Art. Notker I. von St.Gallen, in: Die deutsche Literatur des Mittelalters. Verfasserlexikon, Bd. 6, 2. Aufl., Berlin 1987, Sp. 1187-1210; Peter Ochsenbein, Klosterliteratur der Blütezeit, in: St.Gallen. Geschichte einer literarischen Kultur. Kloster - Stadt - Kanton - Region, Bd. 1: Darstellung, hg. von Werner Wunderlich unter Mitarbeit von Rupert Kalkofen, St.Gallen 1999, S. 162-171; Walter Berschin, Notker Balbulus, in: La trasmissione dei testi latini del Medioevo, hg. von Paolo Chiesa und Lucia Castaldi, Florenz 2004, S. 306-316; Peter Stotz, Art. Notker der Stammler, in: Historisches Lexikon der Schweiz, Bd. 9, Basel 2010, S. 284-285.

113 Walter Berschin, Biographie und Epochenstil im lateinischen Mittelalter, Bd. 3: Karolingische Biographie 750-920 n.Chr., Stuttgart 1991, S. 388-415; Simon MacLean, Kingship and Politics in the late Ninth Century. Charles the Fat and the end of the Carolingian Empire, Cambridge 2003, S. 199-229.

114 Matteo Salaroli, Lo «stemma codicum» dei «Gesta Karoli» di Notkero Balbulo, in: Filologia mediolatina 27 (2020), S. 135-202, hier S. 136-137.

115 Die Rückseite bleibt zu entziffern. Philipp Lenz, Beschreibung von Cod. Sang. 2144 (Minimalniveau), in: Swisscollections, https://swisscollections.ch/Record/991170712589805501 (26.1 24). Die Vorderseite entspricht Notkerus Balbulus, Gesta Karoli Magni Imperatoris, hg. von Hans F. Haefele (Monumenta Germaniae Historica. Scriptores rerum Germanicarum, Nova series, Bd. 12), Berlin 1959, S. 18, Z. 1 - S. 20, Z. 5.

116 Notkerus Balbulus, Gesta, hg. von Haefele (Anm. 115), S. 18-19. Ein wenig überarbeitete deutsche Übersetzung nach Notkerus, Gesta Karoli, übers. von Reinhold Rau, in: Quellen zur karolingischen Reichsgeschichte, 3. Teil, Berlin 1960, S. 322-427, hier S. 341.

117 Aerugo, in: Mittellateinisches Wörterbuch, Bd. 1, München 1967, Sp. 325; Alban Gautier, Charlemagne, le brie et le roquefort, in: Kentron 35 (2019), S. 167-182, hier S. 172-176.

118 Gautier, Charlemagne (Anm. 117), S. 167-172. Bezüglich des Gorgonzolas vgl. z. B. https://www.igorgorgonzola.com/curiosita-sul-gorgonzola.php (26.1.24).

119 Gautier, Charlemagne (Anm. 117), S. 176-180.

120 Hans-Jürgen Becker, Art. Gottesurteil, in: Lexikon des Mittelalters, Bd. 4, München 1989, Sp. 1594-1595, hier Sp. 1594.

121 Ekkehart IV., St.Galler Klostergeschichten, hg. Haefele/Tremp/Schnoor (Anm. 4), S. 482, Z. 15-17: *archipresbyteros, qui animas hominum carissime appretiatas vendant, feminas nudatas aquis immergi impudicis oculis curiosi perspiciant aut grandi se precio redimere cogant.* Ebd., S. 483, Z. 17-20: «die Erzpriester [...], welche Menschenseelen zu Höchstpreisen verkaufen und neugierig mit schamlosen Augen beobachten, wie entkleidete Frauen ins Wasser getaucht werden, oder sie zwingen, sich um hohes Lösegeld freizukaufen.»

122 Adolph Franz, Die kirchlichen Benediktionen im Mittelalter, Bd. 2, Freiburg i. Br. 1909, S. 307-398; Racha Kirakosian, «Hoc iudicium creavit omnipotens deus». Über die Ritualität von Gottesurteilen, in: Francia 39 (2012), S. 263-283; Peter Dinzelbacher, Das fremde Mittelalter. Gottesurteil und Tierprozess, Darmstadt ²2020, S. 28-146.

123 Philipp Lenz und Stefania Ortelli, Die Handschriften der Stiftsbibliothek St.Gallen, Bd. 3: Abt. V. Codices 670-749, Wiesbaden 2014, S. 64-70.

124 Franz, Die kirchlichen Benediktionen (Anm. 122), S. 358-360; Adolf Jacoby, Der Ursprung des Judicium offae, in: Archiv für Religionswissenschaft 13 (1910), S. 525-566; Dinzelbacher, Das fremde Mittelalter (Anm. 122), S. 47-48; Andrea Maraschi, Francesca Tasca, Aux limites de l'hérésie et de la magie. L'ordalie du pain et du fromage, in: Food & History 16 (2018), S. 49-67.

125 Iudicia panis et casei, et panis pendentis, hg. von Karl Zeumer (Monumenta Germaniae Historica. Formulae Merowingici et Karolini aevi), Hannover 1886, S. 629-636, hier S. 629, Z. 18-39. Bezüglich des Gerstenbrots und Schafskäses zu vergleichen mit ebd, S. 631, Z. 39-41, S. 634, Z. 14, S. 635, Z. 5; Franz, Die kirchlichen Benediktionen (Anm. 122), S. 384-385.

126 Literatur: Albert Hauser, Bauerngärten der Schweiz. Ursprung, Entwicklung und Bedeutung, Zürich 1976; Sigrid Hunke, Allahs Sonne über dem Abendland. Unser arabisches Erbe, Frankfurt am Main 1976; René Flammer, Giftpilze, Aarau 2015; Reay Tannahill - Kulturgeschichte des Essens, Wien 1973; Hans Lichtenfelt, Die Geschichte der Ernährung, Berlin 1913.

127 Vgl. Gerold Hayer, Konrad von Megenberg, ‹Das Buch der Natur›. Untersuchungen zu seiner Text- und Überlieferungsgeschichte, Tübingen 1998, S. 4-9. Ausführlich zur Biographie Konrads: Walter Buckl, Megenberg aus zweiter Hand. Überlieferungsgeschichtliche Studien zur Redaktion B des Buchs von den natürlichen Dingen, Hildesheim 1993, S. 27-53.

128 Dazu kommen zahlreiche Handschriften, die nur einzelne Kapitel oder Bearbeitungen des Textes enthalten. Vgl. hierzu die Liste der erhaltenen Handschriften und Inkunabeln bei Hayer, Konrad von Megenberg (Anm. 127), S. 44-52. Das Buch der Natur war somit wesentlich stärker verbreitet als Der naturen bloeme des Jakob von Maerlande, das lediglich in elf vollständigen Handschriften überliefert ist (vgl. www.kb.nl/ontdekken-bewonderen/topstukken/der-naturen-bloeme; abgerufen 6.2.24).

129 Handschriftenbeschreibung bei Hayer, Konrad von Megenberg (Anm. 127), S. 201-202.

130 Im *Liber de natura rerum* des Thomas von Cantimpré waren diese beiden Abschnitte gesonderte Bücher. Vgl. ebd., S. 12.

131 Edition: Konrad von Megenberg, ‹Das Buch der Natur›, Bd. 2: Kritischer Text nach den Handschriften, hg. von Robert Luff und Georg Steer, Tübingen 2003, S.392-393; Übersetzung: Hugo Schulz, Das Buch der Natur von Conrad von Megenberg. Die erste Naturgeschichte in deutscher Sprache, in Neu-Hochdeutscher Sprache bearbeitet und mit Anmerkungen versehen, Greifswald

1897, S. 310–311.
132 Cod. Sang. IIII, S. 397, www.e-codices.unifr.ch/de/csg/IIII/397 (6.2.24). Der Text in der Handschrift weicht in der Orthografie stark von der Edition (Konrad von Megenberg, Buch der Natur, hg. von Luff/Steer (Anm. 131), S. 388) ab. Herzlichen Dank an meine Kollegin Ursula Kundert für ihre Hilfe bei der Transkription und Übersetzung.
133 Text und Übersetzung: Anne Schulz, Essen und Trinken im Mittelalter (1000–1300), Berlin 2011, S. 610–611.
134 Vgl. ebd., S. 610.
135 *Alii dicunt fungos vocatos quod sint ex eorum genere quidam interemptorii; unde et defuncti.* Edition: Isidor von Sevilla, Etymologiarum sive originum libri XX, hg. von W. M. Lindsay, Oxford 1911, Bd. 2: Libros XI–XX continens, Lib. XVII, X, 18, o. S.). Übersetzung: Die Enzyklopädie des Isidor von Sevilla, übers. und mit Anmerkungen versehen von Lenelotte Müller, Wiesbaden 2008, S. 644.
136 *Omne genus boleti graues sunt et indigesti, mussiriones uero et tuferas meliores ab aliis boletis sunt.* Anthimus, De observatione ciborum, hg. von Liechtenhan (Anm. 84), S. 18; Übersetzung ebd., S. 41. Dieses kurze Kapitel über Pilze fehlt in den meisten Anthimus-Handschriften, kommt aber in Cod. Sang. 878 (9. Jahrhundert) vor.
137 Zur Handschrift und den über die Glossen hinausgehenden Anteilen Ekkeharts darin vgl. Heidi Eisenhut, Die Glossen Ekkeharts IV. von St. Gallen im Codex Sangallensis 621, St. Gallen 2009, bes. S. 182–203; zum Pilzgedicht ganz knapp ebd., S. 192.
138 Wolfram von den Steinen, Notker der Dichter und seine geistige Welt, Bern 1948, Bd. 1: Darstellungsband, S. 50; zur Anekdote auch Walter Berschin, Eremus und Insula, Wiesbaden 1987, S. 3 und 53.
139 Der palmus (Handbreite) ist ein antikes römisches Längenmass und beträgt ca. 7,4 cm. Vgl. Helmut Kahnt und Bernd Knorr, Alte Maße, Münzen und Gewichte, Mannheim 1987, S. 210.
140 Gemäss Th. Haack, Studien über Alter und Wachstum der Bodenseefische, in: Archiv für Hydrobiologie 20 (1929), S. 214–295, hier S. 269, war der grösste im Bodensee gemessene Aland 56,5 cm lang (zitiert nach Berschin, Eremus (Anm. 138), S. 53.
141 Die Köstliche Spitz-Morchel (*Morchella deliciosa*) wächst sogar schon im ausgehenden Winter bis Frühling. Vgl. Rudolf Winkler und Gaby Keller, Pilze Mitteleuropas. 3800 Pilzarten schrittweise bestimmen, Bern 2023, S. 780 und 782.

Anmerkungen zu den *Benedictiones ad mensas*

1 Die Abtei St. Georg, auch Abtei Münster im Gregoriental oder Gregorienmünster genannt, wurde um die Mitte des 7. Jahrhunderts vermutlich von Luxeuil aus gegründet. Ymmo, der Bruder von Ekkehart IV., wirkte irgendwann zwischen 1004 und 1039 als Abt dieses Klosters (vgl. oben S. 23). Weber, Ekkehart IV. (Anm. 6), S. 325–326.
2 Lateinische Glosse: *discordiam vel inimititias* («Zwietracht oder Feindseligkeit»).
3 Variante: *Taliter* («auf solche Weise»).
4 Variante: *Appositus panis sit […] inanis* («Das aufgetragene Brot soll […] frei sein»).
5 Variante: *Hunc esum* («Dieses Essen»).
6 Variante: *vel sit fraudis et hostis* («oder sei [frei] von Hinterlist und Teufel»).
7 Variante: *vel perceptio* («oder das Aufnehmen/Verspeisen»).
8 Weber, Ekkehart IV. (Anm. 6), S. 326. Bei der Bezeichnung der Speisen und Getränke wurde konsequent die Übersetzung von Stefan Weber (ebd., S. 326–337) übernommen. Wo dieser nur einen Begriff nennt oder sich für die ursprüngliche Variante der Handschrift entscheidet, wird darauf im Folgenden nicht eigens hingewiesen. Weber folgt allerdings dem Wortlaut von Egli, Liber Benedictionum (Anm. 6), der sich oft für eine spätere Variante entscheidet. Wo sich daraus eine textliche Differenz ergibt, ist dies in der zugehörigen Anmerkung erwähnt, unter Nennung der Varianten.
9 Lateinische Glosse: *in lunę modum factum* («in der Form des Mondes gemacht»).
10 Variante: *vel fiat* («oder werde gemacht»).
11 Althochdeutsche Glosse: *cesótin brot* («gesottenes Brot»).
12 Schlecht leserliche Stelle. Vermutlich über der Zeile egänzt: *sale* («Salz»).
13 Weber, Ekkehart IV. (Anm. 6), S. 327: «geröstetes gesalzenes Brot».
14 Variante: *rex Christe* («König Christus»).
15 Lateinische Glosse: *ova levant sicut fex* («Eier lassen aufgehen wie Hefe»).
16 Lateinische Glosse: *levatum fermento* («durch Sauerteig Aufgegangenes»).
17 Weber, Ekkehart IV. (Anm. 6), S. 327: «gesäuertes Brot».
18 Weber, Ekkehart IV. (Anm. 6), S. 327: «ungesäuertes Brot bzw. der daraus zubereitete Kuchen».
19 Das jüdische Paschafest wird auch «Fest der ungesäuerten Brote» genannt. Der Begriff erinnert an den Auszug der Israeliten aus Ägypten, aber auch an das christliche Osterfest, das Leiden und die Auferstehung Jesu.
20 Weber, Ekkehart IV. (Anm. 6), S. 327: «Spelt- alias Dinkelbrot».
21 Variante: *repleat vel solidet* («erfülle oder stärke»).
22 Weber, Ekkehart IV. (Anm. 6), S. 327: «jede Brotsorte allgemein».
23 Variante: *vel calidi* («oder warme»).
24 Weber, Ekkehart IV. (Anm. 6), S. 327, der die Variante calidi panes («warme Brote») nimmt.
25 Variante: *prope sit* («sei nahe»).
26 Ekkehart bringt einen ähnlichen Vers in seinem poetologischen Lehrbrief als Beispiel für gute Dichtung in Cod. Sang. 621, S. 352: *Sit cibus et potus noster saturatio*

	totus. («All unser Essen und Trank diene der Sättigung.») Kurt Smolak, Verba superba. Ein Blick in Ekkeharts IV. Dichterwerkstatt, in: Ekkehart IV. von St. Gallen, hg. Kössinger/Krotz/Müller (Anm. 6), S. 421–444, hier S. 423–424.
27	Ganzer Vers über Rasur.
28	Althochdeutsche Glosse: *sulza* («Salzlake»).
29	Weber, Ekkehart IV. (Anm. 6), S. 327: «Salzbrühe oder Salzlake».
30	Die Tatsache, dass Ekkehart die beiden Salz-Verse dem Abschnitt über die Fische voranstellt, lässt vermuten, dass Salz und insbesondere Salzlake bei deren Zubereitung eine Rolle spielten.
31	Das Wort *talibus* («mit solchen») auf Rasur.
32	Gottfried Schöffmann, Lacus brigantinus sive potamicus. Der Bodensee in lateinischen Texten, S. 69; https://www.bg-gallus.at/fileadmin/dateien/latein/4_Textus/lbrig6_fisch.pdf (26.1.24); Johannes Duft, Der Bodensee in Sankt-Galler Handschriften, 4., überarbeitete Auflage, St. Gallen 1988, S. 21–22.
33	Zur Frage der bewussten Grossschreibung durch Ekkehart am Wortanfang vgl. Weber, Ekkehart IV. (Anm. 6), S. 361–368. Ekkehart tendiert dazu, spezifische Zutaten oder Gerichte durch Majuskeln hervorzuheben, während er allgemeinere Gerichte eher klein schreibt.
34	Ebd., S. 327: «Stockfisch oder Thunfisch», eigentlich «Walfisch»; vgl. auch Egli, Liber Benedictionum (Anm. 6), S. 285.
35	Variante: *Huso sit odorus* («der Hausen sei wohlriechend»).
36	Weber, Ekkehart IV. (Anm. 6), S. 327. Der in der Donau vorkommende Europäische Hausen oder Beluga-Stör ist die grösste Störart. Vgl. Art. Europäischer Hausen in: https://de.wikipedia.org/wiki/Europ%C3%A4ischer_Hausen (23.2.24).
37	*Potens* auf Rasur.
38	Weber, Ekkehart IV. (Anm. 6), S. 328: «Lachs alias Salm».
39	Althochdeutsche Glosse: *lahs* («Lachs»).
40	*Alemannicus* auf Rasur und mit Variante: *suetus datus* («wie gewohnt gegeben»).
41	Weber, Ekkehart IV. (Anm. 6), S. 328: «Illanke, eine Renken-, Felchen- oder Maränenart». Im Bodensee wohl der Bodenseefelchen. Art. Bodenseefelchen in: https://de.wikipedia.org/wiki/Bodenseefelchen (23.2.24).
42	Einzeilige Glosse: *Non habet species sicut alii pisces idem ubique est.* («Er sieht nicht so aus wie die anderen Fische und ist überall gleich.»)
43	Weber, Ekkehart IV. (Anm. 6), S. 328: «(See)saibling?». *Rubulgra* bedeutet vermutlich «Saibling», *rubricus* in Vers 60 vermutlich «Rotauge» (vgl. dort).
44	Von Egli aufgrund eines Verweiszeichens Ekkeharts richtig vor Vers 49 eingereiht, allerdings lässt Egli gleichzeitig den Vers 47a weg.
45	Weber, Ekkehart IV. (Anm. 6), S. 328: «Quappe alias Trüsche».
46	Ebd., S. 328: «(Meer)neunauge alias Lamprete».
47	Variante: *troctas* («Forellen»).
48	Variante: *benedictas* («die gesegneten», Plural).
49	Weber, Ekkehart IV. (Anm. 6), S. 328: «(Bach)forelle».
50	Althochdeutsche Glosse: *harinch* («Hering»).
51	Weber, Ekkehart IV. (Anm. 6), S. 328–329: «gesalzener Hering». *Almarinus* bedeutet «Hering», wie es auch die althochdeutsche Glosser *herinch* nahelegt.
52	*Esca* hat auch die Nebenbedeutung «Köder», was zu F - schen passt.
53	Weber, Ekkehart IV. (Anm. 6), S. 329: «in Salz eingelegter Fisch».
54	Ebd., S. 329: «(Fluss- oder Bach-)Neunaugen». Vgl. auch Egli, Liber Benedictionum (Anm. 6), S. 287.
55	Variante: *volantem* («Fliegende»). Ekkehart schlägt den Vogel als Variante vor. Vögel sind gemäss der Benediktsregel an normalen Tagen, also ausserhalb der Fasttage, erlaubt als Fleisch, das nicht von Vierfüssern stammt; Fische sind dagegen gemäss allgemeinen kirchlichen Regeln auch an Fasttagen erlaubt.
56	*Natantem* («Schwimmer») meint «Fisch». Weber, Ekkehart IV. (Anm. 6), S. 329, der die Variante *volantem* nimmt: «auf Speisebrettern liegender Vogel».
57	So in der Handschrift für *anguillam*. Ebd., S. 329.
58	Variante am Versende angefügt: *Pars prensi* («Das Stück eines gefangenen […]»).
59	Weber, Ekkehart IV. (Anm. 6), S. 329: «(Fluss)barsch».
60	Althochdeutsche Glosse: *rutin* («Rotauge?»), vgl. Vers 47a.
61	Weber, Ekkehart IV. (Anm. 6), S. 329: «(Fluss)krebse».
62	*Hac virtute* auf Rasur.
63	*Piperatus* auf Rasur.
64	*Walara* ist wohl Althochdeutsch. Egli, Liber Benedictionum (Anm. 6), S. 288.
65	Weber, Ekkehart IV. (Anm. 6), S. 329: «Wels alias Waller».
66	*Altitonans* steht für den Allmächtigen. Wurde ursprünglich für Jupiter, den «hoch oben Donnernden», verwendet.
67	Weber, Ekkehart IV. (Anm. 6), S. 329: «Gründling und Döbel». Die Grundel ist ein Köderfisch, mit dem sich Döbel fangen lassen. Ekkehart spielt also auf einen Döbel an, der mit einer Grundel gefangen wurde.
68	Variante, am Versende eingefügt: *captorum* («der Gefangenen»).
69	Ganzer Vers vielleicht später eingefügt, da Zeilenabstand zu klein.
70	Weber, Ekkehart IV. (Anm. 6), S. 329: «alle erlaubten Wassertiere».
71	Variante: *hanc signet* («Diesen [Vogel] bezeichne [er, d. h. Christus»]).
72	Variante: *aves* («Vögel»).
73	Variante: *suaves* («angenehm» Plural).
74	Variante: *vel aapes indigesta* («oder das unverdaute Essen»).
75	Lateinische Glosse: *id est pavo albus* («das heisst ein weisser Pfau»). Weber, Ekkehart IV. (Anm. 6), S. 329; Egli, Liber Benedictionum (Anm. 6), S. 289.
76	*Hec deus* auf Rasur.
77	Variante: *anser et auca* (zwei Wörter für «Gans»). Egli, Liber Benedictionum (Anm. 6), S. 290.
78	*Aneta* («Ente»), ebd.
79	Verweiszeichen zu einer lateinischen Glosse oben auf der Seite: *Coturnix simulat se claudam. Ut post se currentes a pullis abducat.* («Die Wachtel gibt vor, dass sie lahm sei, damit sie die, die ihr nachrennen, von ihren Küken ablenkt.»)
80	Variante: *sine felle* («ohne Galle»). Vgl. Augustinus, In

Evangelium Ioannis tractatus centum viginti quatuor, Traktat 6, 3: *Magnus impetus: sed columba sine felle saevit. Nam ut noveritis quia sine felle saeviebat [...]*, https://www.augustinus.it/latino/commento_vsg/index2.htm (25.2.24).
81 Weber, Ekkehart IV. (Anm. 6), S. 330: «kastrierter Hahn alias Kapaun».
82 Ebd., S. 330: «Hühnchen/Hähnchen oder generell Jungvögel».
83 Variante: *licentia* («Erlaubnis»).
84 Weber, Ekkehart IV. (Anm. 6), S. 330, nimmt die Variante *licentia*: «erlaubtes Geflügel allgemein».
85 Variante: *natatile* («Schwimmende»)
86 Weber, Ekkehart IV. (Anm. 6), S. 330: «Ziege oder Zicklein».
87 Variante: *assamina* («Bratenstück»).
88 Variante: *frixo* («gebratenen»).
89 Wiederholung über der Zeile: *superinto*.
90 Variante: *Assus* («Essen, Speise»).
91 Weber, Ekkehart IV. (Anm. 6), S. 330: «Kochschinken».
92 Ebd., S. 330. Weitere mögliche Übersetzung: «zerlassenen Speck».
93 Althochdeutsche Glosse: *kehacchot* («gehackt»).
94 Varianten: *carnis* («des Fleischs»), *piscis* («der Fischs»).
95 Variante: *piscis* («des Fischs»).
96 Gemäss persönlicher Mitteilung von Stefan Weber anders als in Weber, Ekkehart IV. (Anm. 6), S. 331 bedeutet *carnes refrixae* wohl doch nicht «geröstetes Fleisch», sondern «wieder erkaltetes Fleisch». Demnach ist Fleisch gemeint, das gekocht wurde, aber kalt gegessen wird. Andere Varianten, insbesondere gekochtes und gebratenes Fleisch, sind allerdings nicht ausgeschlossen.
97 Variante: *petulcus* («stössig»).
98 Variante: *Cervę* («der Hirschkuh»).
99 Weber, Ekkehart IV. (Anm. 6), S. 331, nimmt die Variante *cerva* («Hirschkuh»).
100 Variante: *vel benedicat* («oder segne»).
101 Weber, Ekkehart IV. (Anm. 6), S. 331: «Auerochse alias Ur».
102 Variante: *crucis hoc signamine* («mit diesem Kreuzeszeichen»).
103 Variante: *sub* («unter»).
104 Weber, Ekkehart IV. (Anm. 6), S. 331: «Weibliches Rot-, Dam- bzw. Rehwild allgemein oder speziell Damhirsch(kuh)».
105 Variante: *capreolus* («das Rehkitz»).
106 Variante: *det* («gebe»).
107 Weber, Ekkehart IV. (Anm. 6), S. 331: «(Mufflon)widder». Aufgrund der Nähe zur Gämse wird hier die Übersetzung «Steinbock» bevorzugt.
108 Lateinische Glosse: *id est fera alpina* («das ist ein Bergtier»).
109 Weber, Ekkehart IV. (Anm. 6), S. 331: «Murmeltier».
110 Lateinische Glosse: *lactando* («durch das Stillen/Säugen»).
111 Weber, Ekkehart IV. (Anm. 6), S. 331–332.
112 Vielleicht eine Anspielung auf die Milch, mit der Maria Jesus gestillt hat.
113 Variante: *hos* («diese»).
114 Variante: *caseos* («Käse»).
115 Über *lactis pressura* Varianten als Erläuterung zu *lapillos* («Steinchen»): *scilicet lumbis* («also in den Lenden») oder *renibus* («in den Nieren»).
116 Weber, Ekkehart IV. (Anm. 6), S. 332. Aus der Milch gepresst wird hier als Käse interpretiert.
117 Das unleserliche Wort *...detur* muss etwas bezeichnen, das mit dem Honig bezogen auf den Käse geschieht, entweder im Herstellungsprozess oder auf dem Tisch.
118 Über der Zeile später *sit* («sei») als syntaktische Ergänzung nachgetragen, das hier weggelassen wird, damit der Hexameter aufgeht.
119 Weber, Ekkehart IV. (Anm. 6), S. 332: «ein dicker Brei und ein weissgeflecktes Milchgericht».
120 Ebd., S. 332: «Kräuterkäsekloss, bzw. ein im Mörser zubereitetes Gericht aus Käse, Essig, Öl, Knoblauch und Kräutern». Vgl. Ovid, Fasti IV, 367–372 und das Gedicht eines Pseudo-Vergil mit dem Titel *Moretum* (ICL, Nr. 7517). Vgl. auch Weber, Ekkehart IV. (Anm. 6), S. 350–351.
121 Variante: *calidosque* («und die warmen»).
122 Weber, Ekkehart IV. (Anm. 6), S. 332: «Würzwein oder zum Würzen verwendeter Kräutersaft».
123 Ebd., S. 332: «Pfeffer- oder Würzbrühe».
124 Variante: *gustum* («Geschmack»).
125 Variante: *tritis condimen aceti* («die Würze des herben Essigs»).
126 Weber, Ekkehart IV. (Anm. 6), S. 332: «Essig oder mit Essig zubereitetes Gericht».
127 Variante: *una* («eine»).
128 Weber, Ekkehart IV. (Anm. 6), S. 332: «(Kräuter)mischung».
129 Varianten: *pinsis, tunsis* («zerstossenen, zerstampften»)
130 Weber, Ekkehart IV. (Anm. 6), S. 332: «zerstossene Spezereien» (mit der Ergänzung *pinsis*).
131 Variante: *Optime* («Bestens»).
132 Variante: *assint signa* («seien die Zeichen [des Kreuzes]») anstelle der unleserlichen ersten Fassung als Subjekt.
133 Weber, Ekkehart IV. (Anm. 6), S. 332, der die Ergänzung *Optime* nimmt: «trefflichst kreierte Kuchen».
134 Variante: *libemus* («kosten»).
135 Weber, Ekkehart IV. (Anm. 6), S. 332: «Emmer- oder Spelt- alias Dinkelkuchen».
136 Variante: *nativum* («lebengebendes», Singular).
137 Variante: *ovum* («Ei», Singular).
138 Am Anfang der Zeile *Salliat hoc* («es werde eingepökelt/eingesalzen») als Spur eines getilgten Verses.
139 Ganzer Vers über getilgtem Vers später hinzugefügt.
140 *Summe dator* auf Rasur.
141 Varianten: *Hunc ęsum, Omne genus* («dieses Essen, jede Art»).
142 Am Schluss des Verses später eingefügte Wiederholung von *Vessicę*.
143 Vgl. 1 Mos 25, 27–34.
144 Variante: *cruce summa* («mit dem höchsten Kreuz»).
145 Weber, Ekkehart IV. (Anm. 6), S. 333. Die Hirse ist keine Hülsenfrucht.
146 Variante: *milium febricitantibus venenum* («die Hirse den Fiebernden [kein] Gift»).
147 *Doma*, wohl ein Verschreiber für *dona* («Gaben»).
148 Weber, Ekkehart IV. (Anm. 6), S. 333: «Olive». Ölbaum meint hier den Olivenbaum als dessen in Europa verbreitete, fruchttragende Sorte. Der Ölbaum ist in der Bibel auch ein Symbol des Friedens (vgl. Gen 8,11).
149 Ebd., S. 333: «Früchte der Zitronatzitrone alias Zedrat».

50 *Ferant* über Rasur mit alter unleserlicher Lesart und stehengebliebenem *-que*.
51 Weber, Ekkehart IV. (Anm. 6), S. 333: «Feigen und Feigenhaufen oder -brei».
52 Variante: *crux sacra* («das heilige Kreuz»).
53 Weber, Ekkehart IV. (Anm. 6), S. 333: «Datteln».
54 Variante: *faciat mollescere dura* («Mache weich die harten [Birnen]»).
55 Ganzer Vers später eingefügt und mit 188 verbunden, dazwischen Vers 189.
56 Weber, Ekkehart IV. (Anm. 6), S. 334: «Wildbirnen alias Holzbirnen».
57 Ganzer Vers später eingefügt und mit 187 verbunden, dazwischen Vers 189.
58 Weber, Ekkehart IV. (Anm. 6), S. 334: «Wildbirnen alias Holzbirnen».
59 Lateinische Glosse: *citonię* («Quitte»).
60 Wörtlich «Äpfel mit feinem Haar», was die Quitte beschreibt. Durch die Glosse *citonię* ist die Bedeutung geklärt.
61 Weber, Ekkehart IV. (Anm. 6), S. 334: «‹wachsgelbe Pflaumen› alias Mirabellen».
62 Verse 194 und 195 bilden ein Distichon.
63 Gemäss Plinius, Naturgeschichte XV, 25, 30 sollen die Kirschen aus Kleinasien stammen. Egli, Liber Benedictionum (Anm.6), S. 307-308. Iberien war ein antiker Staat auf dem Gebiet des heutigen Georgien. Art. Iberien, Wikipedia, https://de.wikipedia.org/wiki/Iberien_(Kaukasien) (25.3.24).
64 Vgl. vorherige Anmerkung.
65 Lateinische Glosse: *stomacho nocent* («sie schaden dem Magen»).
66 Weber, Ekkehart IV. (Anm. 6), S. 334: «Kohlsamen oder Gemüsesamen allgemein».
67 Ebd., S. 334: «Arznei(kraut)».
68 Ebd., S. 334: «(Küchen)kraut».
69 Ebd., S. 334: «Kohl oder Grüngemüse».
70 Lateinische Glosse: *vino multi vincuntur* («viele werden vom Wein bezwungen»).
71 Lateinische Glosse: *septies eos coqui iubetur* («man soll sie sieben Mal kochen»).
72 Weber, Ekkehart IV. (Anm. 6), S. 334.
73 Variante: *Erbas* («Kräuter»).
74 Weber, Ekkehart IV. (Anm. 6), S. 334 nimmt die Variante *Erbas*: «Kräuter aller Art».
75 Ebd., S. 334.
76 Lateinische Glosse: *allium stomacho bonum renibus malum* («Der Knoblauch tut dem Magen gut, den Nieren schlecht»). Verse 214 und 215 bilden ein Distichon.
77 Weber, Ekkehart IV. (Anm. 6), S. 334.
78 Ebd., S. 334.
79 Ebd., S. 334: «Lattich oder Gartensalat».
80 Ebd., S. 334: «gehackte Kräuter in Essig bzw. Salat».
81 Ebd., S. 335.
82 Variante: *fratrum* («der Brüder»).
83 *Munus* kann auch «Aufgabe» heissen, was vielleicht für Ekkehart mitschwingt.
84 Weber, Ekkehart IV. (Anm. 6), S. 335.
85 Ebd., S. 335.
86 Ebd., S. 335.
87 Variante: *fratres* («Brüder»).
88 Weber, Ekkehart IV. (Anm. 6), S. 335.
189 Varianten: *Repleat, Roboret* («erfülle, stärke»).
190 Weber, Ekkehart IV. (Anm. 6), S. 335: «Falernerweine oder gute Weine allgemein». Falernerwein war Ekkehart IV. von der antiken Dichtung her bekannt, vgl. beispielsweise Horaz, Satire 2, 3, Vers 8.
191 Ebd., S. 335.
192 Ebd., S. 335: «(Trauben)most».
193 Variante: *signata dei cruce* («gesegnet mit dem Kreuz Gottes»).
194 Weber, Ekkehart IV. (Anm. 6), S. 335: «(Trauben)most».
195 Variante: *calicis* («des Kelchs»).
196 Variante: *benedictio* («Segen»).
197 Weber, Ekkehart IV. (Anm. 6), S. 335, nimmt die Lesart der Variante *calicis* statt *vitis*.
198 Variante: *Huic placeat* («Es gefalle […], diesen»).
199 Variante: *rubeo* («roten»).
200 Weber, Ekkehart IV. (Anm. 6), S. 335, nimmt die Variante *rubeo musto* («roten Most»).
201 Ebd., S. 335: «frisch geschöpfter Most».
202 Variante: *benedic* («segne»).
203 Weber, Ekkehart IV. (Anm. 6), S. 335: «Most/neuen Wein».
204 Ebd., S. 335.
205 Ebd., S. 335.
206 Ebd., S. 335.
207 Ebd., S. 335.
208 Ebd., S. 335.
209 Ebd., S. 335: «(Wein)mischgetränk».
210 Ebd., S. 335.
211 Ebd., S. 335: «Sadebaumwein».
212 Ebd., S. 335-336: «Apfelwein», *sicera* ist eher «Fruchtwein» im Allgemeinen.
213 Lateinische Glosse: *quod vocant moracetum* («welches sie Maulbeerwein nennen»).
214 Weber, Ekkehart IV. (Anm. 6), S. 336, nimmt die Variante *moracetum* («Maulbeerwein»).
215 Lateinische Glosse: *vinum coctum* («gekochte Wein»).
216 Variante: *caput petit* («steigt in den Kopf»).
217 Weber, Ekkehart IV. (Anm. 6), S. 365: «eingekochter Wein bzw. Rosinenwein».
218 Ebd., S. 336.
219 Ebd., S. 336: «Met mit Beigaben».
220 Lateinische Glosse: *Ypocras, in Mulsa bibat id est melle et aqua. invenitur et mulsum in com…* («Hypokras trinkt man in Mulsum, das heisst Honig und Wasser. Man findet Mulsum auch mit […]».
221 Weber, Ekkehart IV. (Anm. 6), S. 336: «Wein- und Wassermet».
222 Lateinische Glosse: *dite pinguia*, Bedeutung nicht klar, Lesefehler? Egli, Liber Benedictionum (Anm. 6), S. 313 liest *Comodite pinguia*, *Com-* ist aber nirgends lesbar. Ganzer Vers auf starker Rasur.
223 Weber, Ekkehart IV. (Anm. 6), S. 336: «Wein- und Wassermet».
224 Lateinische Glosse: *id est ordacea cervisa* («das ist Gerstenbier»).
225 Verse 255 und 256 bilden ein Distichon.
226 Weber, Ekkehart IV. (Anm. 6), S. 336. *Celia* wird gemäss Glosse als «Gerstenbier» bestimmt.
227 Variante: *Ebria qua* («durch dieses betrunken»).
228 Variante: *vel benedictio* («oder Segen»).
229 Verse 257 und 258 bilden ein Distichon.

230 Weber, Ekkehart IV. (Anm. 6), S. 336.
231 Direkt darunter steht eine zweizeilige schwer lesbare Glosse, die das Wort *sicera* (Vers 248) erklärt: *Sicera est Ut Aug ait sucus pomis optimis expressus. Qui melle digestus ut vinum inebriat. Et diuturnius durat.* («*Sicera* ist, wie Augustinus sagte, der von bestem Obst gepresste Saft. Dieser berauscht mit Honig versetzt wie Wein. Und er hält lange.»)
232 *Confusio* kann im übertragenen Sinn auch «Verwünschung» oder «Schande» heissen. Es ist möglich, dass Ekkehart hier – wie auch an anderen Orten – mit der Doppeldeutigkeit spielt. Angesichts der generellen Knappheit an Nahrungsmitteln ist es gut nachvollziehbar, dass auch Bier aus einem misslungenen Brauvorgang verwendet wurde und dazu mit anderem Bier oder anderen Gewürzen vermischt wurde. Dieser Variante wird in der Übersetzung der Vorzug gegeben, obwohl die Bedeutung «Schande» sicher mitschwingt.
233 Weber, Ekkehart IV. (Anm. 6), S. 336.
234 Das am Ende der Zeile später angefügte *Timotheo* ist wohl ein Hinweis auf die inhaltlich an BaM 261 anschliessende übernächste Zeile, die aus diesem Grund als BaM 262 um eine Zeile nach oben verschoben wird.
235 Erklärende Glosse: *id est stomacho* («das heisst für den Magen»).
236 Steht in der Handschrift nach Vers 263, wird aber durch Verweiszeichen vor diesen verschoben.
237 1 Tim 5,23.
238 Erklärende Glosse: *evangelica* («evangelischen / des Evangeliums»).
239 Wohl als «Hausaufgabe» von Ekkehart IV. für seinen Lehrer Notker den Deutschen († 1022) verfasstes Gedicht, also vor 1022 entstanden und hier noch einmal abgeschrieben.
240 Glosse *pretiatur* («ist von Wert»).
241 Lateinische Glosse: *perdurat* («härtet ab»).
242 Lateinische Glosse: *aqua* («Wasser»).
243 Lateinische Glosse: *aqua* («Wasser»).
244 Lateinische Glosse: *In modum crucis* («In der Form des Kreuzes»).
245 Glosse: *quadruos* («vierfach»).
246 Egli: *Efficit et sacra . . spe . . sorte lavacra*.
247 Steht in der Handschrift nach Vers 276, wird aber durch Verweiszeichen vor Vers 275 verschoben.
248 Vielleicht ein Hinweis auf das Wortspiel *malum* («das Böse») – *malus* («der Apfel»). Mit bestem Dank an Franziska Schnoor.
249 Lateinische Glosse: *est* («ist»).
250 Variante oder Glosse: *est* («ist»).
251 Variante: *fractio* («das Brechen»).

Register der Handschriften und Drucke

St. Gallen, Kulturmuseum
G 10758   6–7

St. Gallen, Stadtarchiv der Ortsbürgergemeinde
Bd. 610   34–37

St. Gallen, Stiftsbibliothek
Cod. Sang. 26   68–69
Cod. Sang. 235   26–27
Cod. Sang. 321   65
Cod. Sang. 368   28–29
Cod. Sang. 393   9–10, 23–25, 95–129
Cod. Sang. 553   44–45
Cod. Sang. 586   74–75
Cod. Sang. 602   9, 12–13, 14–15, 18–19, 62
Cod. Sang. 610   32–33
Cod. Sang. 615   8–9
Cod. Sang. 621   92–93
Cod. Sang. 622   54
Cod. Sang. 643   58–59
Cod. Sang. 682   84–85
Cod. Sang. 718   37–38
Cod. Sang. 729   54–55
Cod. Sang. 752   48–49
Cod. Sang. 762   64–65
Cod. Sang. 857   76–77
Cod. Sang. 878   65
Cod. Sang. 914   30
Cod. Sang. 915   30
Cod. Sang. 916   30–31, 51
Cod. Sang. 919   69
Cod. Sang. 1050   69
Cod. Sang. 1092   42, 45, 71
Cod. Sang. 1111   90–91
Cod. Sang. 2144   82–83

Ink. 843   37, 39

Zürich, Zentralbibliothek
Ms. C 150   69

Abbildungsnachweise
Kulturmuseum St. Gallen: 6
Stadtarchiv der Ortsbürgergemeinde St. Gallen: 35
Stadtbibliothek im Bildungscampus, Nürnberg (Amb. 317.2):
43, 47, 53, 57, 63, 67, 72, 73, 80, 81, 88, 89
Alle weiteren Abbildungen: Stiftsbibliothek St. Gallen

Collagen: Cornelia Gann, Zürich